100位中国名人
改变命运的故事

华予智教/主编

江显英　笑猫/绘

天地出版社
TIANDI PRESS

图书在版编目（CIP）数据

100位中国名人改变命运的故事／华予智教主编；江显英，笑猫绘.—成都：天地出版社，2013.8（2019.12重印）
ISBN 978-7-5455-0944-1

Ⅰ.①1… Ⅱ.①华…②江…③笑… Ⅲ.①名人—生平事迹—中国—青年读物②名人—生平事迹—中国—少年读物 Ⅳ.①K820-49

中国版本图书馆CIP数据核字（2013）第143951号

100位中国名人改变命运的故事

100 WEI ZHONGGUO MINGREN GAIBIAN MINGYUN DE GUSHI

华予智教／主编　　韩雪　杨洋／编写　　江显英　笑猫／绘

—— 阅读·成长 ——

出品人	杨　政
策划组稿	李　云　106281920@qq.com
责任编辑	李　云　张思秋
装帧设计	米迦平面设计工作室　　封面插图　胖蛇
电脑制作	跨　克
责任印制	桑　蓉
出版发行	天地出版社
	（成都市槐树街2号　邮政编码：610014）
网　址	http://www.tiandiph.com
电子邮箱	tianditg@163.com
印　刷	山东省东营市新华印刷厂
版　次	2013年8月第一版
印　次	2019年12月第三次印刷
成品尺寸	170mm×240mm　1/16
印　张	20
字　数	241千
定　价	39.80元
书　号	ISBN 978-7-5455-0944-1

前言

　　100位中国名人，100个不一样的精彩人生，100幅精彩插图，100份"微阅读"，构成了这本奉献给读者朋友的人生导航书——《100位中国名人改变命运的故事》。

　　结合名人们的特色和人生轨迹，100位中国名人分属八个篇章：梦想起航；千重浪　万重山；谁是最耀眼的那颗星；转弯遇见海阔天空；君临天下；赠人玫瑰　手留余香；人生也会有遗憾；高洁的灵魂。这八个篇章，构成了起伏跌宕的人生旅程。

　　说来很神奇，人生道路万千，或许是因为某个人、某件事甚至某句话，一个人的人生轨迹就会发生翻天覆地的变化。阅读历史名人的命运故事，追慕偶像，警惕失败，能够帮助读者朋友获取更多的人生智慧，从而立志高远，并努力去实现梦想。

　　我们每个人都像汪洋中的一条小船，名人们就是点点星光，就是温暖灯塔。乘着星光，向着灯塔，扬帆起航吧。

目录

梦想起航

每个人都是汪洋中的一条小船，梦想就是小船的风帆。让我们一起，扬帆起航。

千重浪　万重山

踏遍千重浪，越过万重山，为信念、为希望而战。

谁是最耀眼的那颗星

浩瀚夜空，繁星点点；邈远银河，星光灿烂。谁像流星一样滑落，谁又像恒星闪烁？

转弯遇见海阔天空

似乎是前路茫茫，不期然柳暗花明。一扇门关闭了，一定有一扇窗为你开启。

君临天下

帝王将相，宁有种乎？哪怕是天之骄子，也只有百炼成钢，才能成就伟业。

赠人玫瑰　手留余香

懂得付出，感恩收获，让人生充满芬芳，充满力量。

人生也会有遗憾

月有阴晴圆缺，人生难免也有看不到的风景。也许正是人生的遗憾，才换来别样的精彩。

高洁的灵魂

人非生而高贵。只有经过后天的淬炼，才能锻造出闪闪发光的灵魂。

每个人都是汪洋中的一条小船，
梦想就是小船的风帆。
让我们一起，
扬帆起航。

梦想起航

老子　三问其师

我有三宝，持而保之：一曰慈，二曰俭，三曰不敢为天下先。

（春秋·《老子》）

俗话说："奇人有怪相。"老子（老聃）小时候，体弱而头大，眉毛离得很宽而且耳朵也很大。但他很聪明，喜欢思考，也很好学。他经常请别人给他讲与国家兴衰、战争成败、祭祀占卜、观星测象有关的事。老子的母亲望子成龙，就请了商容老先生来教他。商容通晓天文地理、古今礼仪，深受老子一家敬重。

一天，商容为老子讲授道："天地之间人为贵，众人之中王为本。"

老子问道："天为何物？"

先生道："天者，在上之清清者也。"

老子又问："清清者又是何物？"

先生道："清清者，太空是也。"

老子问："太空之上，又是何物？"

先生道："太空之上，清之清者也。"

老子追问："之上又是何物？"

先生道："清之清者之上，更为清清之清者也。"

老子又问："清者穷尽处为何物？"

先生道："先贤未传，古籍未载，愚师不敢妄言。"

夜晚，老子又向母亲提出疑问，希望能得到答案，可是母亲没办法回答他的问题。老子仰望星辰，思考天上面是什么事物，一整夜都没有睡觉。

又一天，商老先生教授道："六合之中，天地人物存焉。天有天道，地有地理，人有人伦，物有物性。有天道，故日月星辰可行也；有地理，故山川江海可成也；有人伦，故尊卑长幼可分也；有物性，故长短坚脆可别也。"

老子问道："日月星辰，何人推而行之？山川江海，何人造而成之？尊卑长幼，何人定而分之？长短坚脆，何人划而别之？"

先生道："皆神所为也。"

老子问道："神何以可为也？"

先生道："神有变化之能，造物之功，故可为也。"

老子问："神之能何由而来？神之功何时而备？"

先生道："先贤未传，古籍未载，愚师不敢妄言。"

晚上，老子再以同样的问题去询问母亲，依然没有得到答案。从此老子看见什么事物都要思考一阵，有时候想得太投入，甚至不吃不喝。

又一天，商先生教授道："君者，代天理世者也；民者，君之所御者也。君不行天意则废，民不顺君牧则罪，此乃治国之道也。"

老子问道："民生非为君也，不顺君牧则其理可解。君生乃天之意也，君背天意是何道理？"

先生道："神遣君代天理世。君生则如将在外也；将在外则君命有所不受，君出世则天意有所不领。"

老子问道："神有变化之能，造物之功，何以不造听命之君乎？"

先生道："先贤未传，古籍未载，愚师不敢妄言。"

老子又把自己的不解告诉了母亲，母亲依然不能回答他，于是老子就去求教相邑的名士。他几乎走遍了相邑，拜访了所有名士。

商老先生教了老子三年，来向老子的母亲辞行道："老夫识浅，聃儿思敏，今来辞行，非老夫教授无终也，非聃儿学之不勤也，实乃老夫之学有限，聃儿求之无穷。以有限供无穷，不亦困乎？聃儿，志远图宏之童也；相邑，偏僻闭塞之地也。若欲剔璞而为玉，须至周都求学。"

于是三天后，年仅十三岁的老子辞别母亲前往周都求学。老子在周的三年无所不学，无所不览。后任守藏室史，名闻遐迩，声播海内。

老子的博学和他从小就善于观察、喜欢思考是分不开的，正因为有了这种好学的精神才有了他后来的巨大成就。老子的学说和著

作是中国文化不可或缺的重要部分，他的思想到今天在全世界范围内都深受推崇。

　　微阅读

　　老子（生卒年不详），春秋时思想家，道家的创始人。一说即老聃，姓李名耳，字伯阳，楚国苦县（今河南鹿邑东）人。主张无为而治。老子的学说对中国哲学的发展具有深刻的影响。道教奉其为教主，称"太上老君"。

商鞅 立木为信

下君尽己之能，中君尽人之力，上君尽人之智。（战国·《韩非子》）

商鞅从小就喜好学习刑法方面的知识，专门研究以法治国，受李悝、吴起等人的影响很大。他本来是卫国的一个没落贵族，而他觉得卫国弱小，不足以施展他的才华，就跑到魏国，但商鞅在魏国当了很久的门客也没受到重用。商鞅正在郁郁不得志的时候，忽然听到秦国的秦孝公正在招聘人才，就决心离开魏国到秦国去。

商鞅到了秦国，托人介绍，见到了秦孝公，把他的一套富国强兵的道理和办法给孝公讲了一遍。他说："一个国家要富强起来，就必须重视农业生产，这样，老百姓有吃有穿，军队才有充足的粮草；要训练好军队，做到兵强马壮；还要赏罚分明，种地收成多的农民、英勇善战的将士，都要鼓励和奖赏，对那些不好好生产、打仗怕死的人，要加以惩罚。真能做到这些，国家没有不富强的。"秦孝公觉得商鞅说得很有道理，就同商鞅议论国家大事，谈了好几天，十分投机。前356年，秦孝公任命商鞅为左庶长，让商鞅实行变法。

变法刚开始，就遭到了贵族大臣们的一致反对。商鞅在秦孝公面前理直气壮地反驳那些反对变法的大臣："你们口口声声讲什么古法、旧礼，请问这一套能使国家富强起来吗？从古以来就没有一成不变的法和礼。只要对国家有好处，改变古法、旧礼有什么不对？墨守成规只能使国家灭亡！"秦孝公因此更加信服商鞅，让他着手制定新法。很快商鞅就把变法方案制定出来了。

商鞅怕新的法令没有威信，老百姓不相信，推行不开。于是他想了个办法，叫人在都城的南门竖了一根三丈来长的木头，并在旁边贴了张告示，宣布："谁能把这根木头扛到北门去，赏他十金。"不多会儿，木头周围就围满了人。

大伙儿心里直犯嘀咕：这根木头顶多一百斤，扛几里地不是什么难事，怎么给这么多的赏钱呢？或许设了什么圈套吧？结果谁也不敢去扛。

商鞅看没人敢扛，又把奖赏提高到五十金。这么一来，人们更疑惑了，都猜不透这新上任的左庶长葫芦里到底卖的什么药。这时候一个很强壮的年轻小伙子挤进人群说："我来试试。"说着扛起

木头就走。许多看热闹的人好奇地跟着，一直跟到了北门。

小伙子放下木头，早就等在那里的商鞅走到他跟前说："好，你能够相信和执行我的命令，真是一个良民。"说着就把准备好的五十金赏钱奖给了他。

跟着看热闹的人都目瞪口呆，原来真的有这么好的事，于是大伙都说："左庶长说话算数，说到做到，他的命令可不是随便说说的啊！"

接着商鞅下令变法，没有人敢对新法有什么怀疑了，老百姓都严格地遵守新法。商鞅利用搬木头树立起来的威信，让新法顺利地实施了下去。

商鞅的新法实现几年后，秦国的经济和生产力得到很大发展，人民的生活也有所改善，军队战斗力不断加强，这为后来秦始皇统一六国奠定了基础。

微阅读

商鞅（约前390—前338），战国时期政治家、思想家。卫国人，公孙氏，名鞅，故又称卫鞅、公孙鞅。商鞅因为响应秦孝公的"求贤令"到了秦国，说服秦孝公变法图强，实施"商鞅变法"，奠定了秦国富强的基础。曾因战功获得商州等地十五邑封地，号商君，所以称商鞅。孝公死后，受到秦贵族诬害以及秦惠文王的猜忌，被车裂而死。

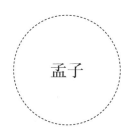

孟子 赴鲁游学

天将降大任于是人也，必先苦其心志，劳其筋骨，饿其体肤，空乏其身，行拂乱其所为，所以动心忍性，曾（增）益其所不能。（战国·《孟子》）

孟子三岁时，父亲就过世了。孟子的母亲是一位很优秀的女性，她深知环境对孩子成长的重要性，曾带着年幼的孟子三次搬家，最终搬到了学校附近，为孟子创造了一个良好的学习环境。

孟子从小就聪慧过人，学习知识不仅快，而且常常有自己的理解。随着年龄的增长，孟子的学问也日渐渊博，时常会有仰慕他的人前来拜访。但是孟子毕竟年轻，孟母担心他骄傲自满，不求上进，就命他沿着孔子的足迹去登泰山、观日出。

不久后，孟子从泰山回来，孟母问道："孔子登山，有何发现？"孟子马上回答说："孔子登东山而小鲁，登泰山而小天下。"也正是有了这一次登山的经历，孟子产生了到鲁地游学的念头。

孟子征得母亲的同意后，踏上了赴鲁游学之路。孟子到达鲁国的都城曲阜后，便开始寻找孔子学说的传人。他发现当时在世的儒家学者中最有学问的是一个叫司徒牛的人，但是这个司徒牛早就隐居城外，没有人知道他的住处。为了访寻司徒老师，孟子几乎访遍了整个曲阜。

一天，孟子路经一片柳树林，一时饥渴难忍，便坐到一株枯柳下歇息。当时正值晌午，闷热的天气让孟子昏昏欲睡起来。突然，一阵欢快的小曲随着蝉鸣声从远处飘过来。只见一位驼背老人一手持竹竿，一手提口袋，步伐轻盈地朝这边走来。他边走边用竹竿粘那枝头的鸣蝉。只见他将竹竿伸出去，收回来，那蝉便振着翅翼挣扎着落入他的口袋。看到这情形，孟子不禁想起一个道理：天下之技，一在于手熟，熟能生巧；二在于心专，用心专一则能通神。

老人来到孟子跟前，他微笑着上下打量眼前这位疲惫的年轻人。突然，他放声大笑起来。孟子愣了愣神，忽然眼前一亮，一个箭步上前，跪在老者面前说："司徒先生在上，受弟子孟子一拜，请先生收我为徒吧！"老者连忙上前搀扶孟子，说道："你认错人了，老朽贱姓尹，名居牛，一生只会捕蝉，何以为师！莫非你要学捕蝉吗？"孟子不肯起来，说："不，您就是司徒牛先生！"孟子

还向老者讲述了自己的家世，三岁丧父，慈母三迁，断机之喻，以及赴鲁游学，访寻司徒先生的经过。孟子的真诚和求学的决心终于打动了老者，老者承认自己就是司徒牛，并答应收孟子为徒。

司徒牛带着孟子回到了自己的家。孟子在司徒先

生的指导下，在草棚茅舍里整整攻读了三年。三年时间里，孟子阅读了很多的典籍，还看到了一些孔子的手稿。孟子学习和继承了孔子思想，并发展了孔子的"礼治"和"德政"思想，提倡"王道"，主张"仁政"，形成了一套完整的属于自己的思想体系。

微阅读

　　孟子（约前372—前289），战国时期思想家、政治家、教育家，儒家学派代表人物。名轲，字子舆，邹（今山东邹城东南）人。孟子继承并发扬了孔子的思想，成为仅次于孔子的一代儒家宗师，有"亚圣"之称，与孔子合称为"孔孟"。著有《孟子》一书。

李冰　# 都江堰的缔造者

江水初荡瀹，蜀人几为鱼。向无尔石犀，安得有邑居。始知李太守，伯禹亦不如。（唐·岑参）

成都自古以来就有天府之国的美称，这里土地肥沃，物产丰富，人们生活富足。这一切都得益于两千多年前修建的都江堰。作为世界水利工程史上罕见的奇迹，都江堰从古到今一直发挥着巨大的作用。

都江堰的建造者，正是我国战国时期杰出的水利工程学家李冰。大约在前256年，李冰被任命为蜀郡守。这时的蜀郡时常发生严重的洪涝灾害，百姓流离失所，生活艰辛。

李冰到蜀郡后，下决心治水。他带着儿子进行实地考察后，发现成都平原的洪涝多半是由岷江水患造成的。于是李冰就沿着岷江进行仔细的考察，在了解了岷江的实际情况后，制定了一套有效的治水方案。

为了使岷江的水能够东流，李冰首先命人把玉垒山凿开了一个二十米宽的口子，又采取在江心构筑分水堰的办法，把江水分作两支，逼使其中一支流进宝瓶口。在修筑分水堰的过程中，李冰遇到了一个难题：刚开始他采用的是往江心抛石筑堰的办法，可是岷江水流湍急，扔下去的石头很快就被冲散了，根本垒不起分水堰。

这个方法失败后，李冰决定另辟蹊径，可是他绞尽脑汁也想不出有效的办法来。一次李冰在江边考察时，看见几个民妇拎着竹篮来江边洗菜。这几个妇人将篮子直接放到江水里，任凭江水冲洗里面的蔬果。看到这一幕，李冰大受启发。他赶紧让竹工编了一个个条形大竹笼，往里面装满鹅

卵石，然后再沉入江中。石头果然没有被冲散。一个个装满石头的大竹笼叠加在一起，终于筑成了分水大堤。李冰还让人造了一头石犀，埋在内江中，作为岁修时候淘挖泥沙的深度标准。

在李冰的带领下，蜀郡的人民终于战胜了水患，建成的都江堰让汹涌的岷江从此变得温驯，江水组成了一个纵横交错的水网，灌溉着成都平原的千里农田，老百姓自此过上了安定富足的生活。

为了纪念李冰父子的功绩，蜀郡的老百姓在都江堰渠首修建了二王庙，每年的清明时节，当地的老百姓都会在二王庙举行祭祀活动和开水典礼。

微阅读

李冰（生卒年不详），战国时期水利家，对天文地理也有研究。秦昭襄王末年（约前256—前251）为蜀郡守，在岷江流域主持兴建多项水利工程，其中以都江堰最为著名，使成都平原从此"沃野千里，号为陆海"。

班昭 奉旨修书

东观续史，赋颂并娴。（清·赵傅）

班昭的父亲是东汉的大文豪、史学家班彪，她的两个哥哥班固和班超也都是当时才华横溢的名人。班昭从小在父亲和哥哥们的影响下，擅长诗赋，文采出众。

54年，班昭的父亲班彪去世。班彪生前因为对《史记》续篇感到很不满意，就"采其旧事，旁贯异闻"，为《史记》作了《后传》六十五篇。班彪去世后，年仅二十二岁的班固动手整理父亲的遗稿，决心完成这部接续巨作。

不料几年后，有人上书汉明帝，告发班固"私作国史"。班固被捕入狱，书稿也被全部查抄。他的弟弟班超上书汉明帝说明班固修史的目的是颂扬汉德，让后人了解历史，从中吸取教训，并无毁谤朝廷之意。班固得以无罪释放。汉明帝还给了班家一些钱财，让他们继续写下去。班昭就是在此时开始帮助哥哥修史的。

在其后的二十余年里，班固在父亲留下的《史记后传》的基础上完成了《汉书》的大部分内容，使《汉书》初具规模。92年，班固因为窦宪案被牵扯入狱，最后死在狱中。他的《汉书》还没有最终成形，还有一些散乱的篇章，其中八表和《天文志》还没有终篇。

当时的皇帝汉和帝发现《汉书》还不完整，就命班昭继续修著《汉书》，并恩准班昭到东观藏书阁参考典籍。班昭在具有丰富历史文献资料的皇家藏书馆查阅了大量历史典籍，搜集了当代的历史资料，补著了《汉书》不完整的部分，整理了哥哥留下的手稿，并统一校订。当时班昭是唯一通晓《汉书》的专家，于是她教马融等人研习《汉书》，以便继续传于后人。

《汉书》出版以后，获得了极高的评价，学者争相传诵。班昭的才气也使很多文人对她敬佩不已，都希望得到班昭的指导。汉和帝就经常召她入宫，让她教皇后及嫔妃们诵读经史。邓皇后和宫里的许多贵人们都用事奉先生的礼节对待她。班昭因此被赐号大家（gū），又因其夫家姓曹，便被称为"曹大家"。

班昭的文采不仅仅表现在修编《汉书》上，她所作的《东征赋》被昭明太子萧统编入《文选》，保存了下来。她还作了《女诫》七篇，本是用来教导班家女儿的私家教科书，不料京城世家却争相传抄，不久之后便风行全国。

　　班昭死后，皇太后亲自素服为她举哀，派人监护丧事，以示优礼。

　　班昭是一位德才俱优的女性，她在《女诫》《女孝经》等文中提出了妇女应当遵守的封建伦理道德，对后世的传统道德产生了重要影响，为儒家和历代封建统治者所敬重。

微阅读

　　班昭（约49—约120），东汉人，史学家。一名姬，字惠班，扶风安陵（今陕西咸阳东北）人，史学家班彪的女儿、班固的妹妹。擅长赋颂，作有《东征赋》《女诫》等。班固死后，班昭继承其遗志，续著《汉书》。班昭曾被皇帝召入宫中，给皇后及嫔妃们做老师，被尊称为"曹大家"。

诸葛亮

喂鸡延时为求学

夫君子之行，静以修身，俭以养德；非淡泊无以明志，非宁静无以致远。（三国·诸葛亮）

诸葛亮出身于琅邪郡阳都县的一个官吏之家。诸葛氏是琅邪的望族，先祖诸葛丰曾在西汉元帝时做过司隶校尉，父亲诸葛圭在东汉末年做过泰山郡丞。诸葛亮三岁时母亲章氏病逝，八岁时父亲也离他而去，于是诸葛亮与弟弟诸葛均一起随叔父诸葛玄到豫章赴任。后来东汉朝廷派朱皓取代了诸葛玄，诸葛玄就去投奔荆州牧刘表。建安二年（197）诸葛玄去世，诸葛亮与其弟诸葛均隐居起来。

诸葛亮的童年虽然坎坷曲折，但是他从小就十分好学，且性格坚毅。诸葛亮少年时代，曾经跟随有名的隐士水镜先生司马徽学习。那时，没有钟表，计算时间只能用日晷（guǐ），但是一遇到阴雨天气，时间就不好掌握了。司马徽就用定时喂食的办法，训练公鸡按时鸣叫。

诸葛亮天资聪颖，求知欲也很强，司马先生讲的东西，他一听便会。为了学到更多的东西，他就想让先生把讲课的时间延长一些。但上课时间总是以鸡鸣为准，于是诸葛亮想：如果把公鸡鸣叫的时间延后一点，那先生讲课的时间也就延长了。于是他上学的时候就带些粮食装在口袋里，在估计公鸡快要打鸣的时候，就喂它一点粮食，鸡一吃饱就不叫了。

　　刚开始，没人察觉到上课时间的变化，但是时间一长，引起了司马先生的注意，于是他留心观察起来。不久他就发现了诸葛亮在鸡快叫时给鸡喂食的事情。司马先生并没有当场指责诸葛亮，而是在第二天上课的时候故意问学生们："你们知道鸡为什么不按时打鸣吗？"其他学生都摸不着头脑，只有诸葛亮心里明白，他承认是自己在鸡快叫的时候喂食来延长老师的授课时间。

司马先生听了很生气，当场就把诸葛亮的书烧了。诸葛亮求学心切，见老师很生气，只得去求师母司马夫人。司马夫人听了事情的原委，知道诸葛亮是个爱学习的好孩子，就向司马先生说情。

刚开始司马先生还是不肯原谅诸葛亮，他说："小小年纪，不在功课上下功夫，倒使小伎俩欺蒙老师。这是心术不正，此人不可能有什么大的成就。"司马夫人听后说："他小小年纪，虽使了点心眼，但总是为了多学点东西，并没有其他的意图。"司马先生听后觉得有理，便同意诸葛亮继续读书。

诸葛亮后来成为一代名士，隐居在隆中。司马徽向刘备推荐诸葛亮，说："儒生俗士，岂识时务？识时务者在乎俊杰。此间自有伏龙、凤雏。"刘备问是谁，答曰："诸葛孔明、庞士元（即庞统）也。"刘备听后十分信服，就亲自前往隆中，三顾茅庐，请诸葛亮出山。诸葛亮出山后，帮助刘备建立了蜀汉政权。

微阅读

诸葛亮（181—234），蜀汉丞相，三国时期杰出的政治家、军事家。字孔明，琅邪阳都（今山东沂南县南）人。东汉末，隐居隆中（今湖北襄阳西），声名远播，世称"卧龙先生"。刘备三顾茅庐，诸葛亮作"隆中对"，为刘备定计取天下。刘备称帝后，任丞相。当政期间，为刘备、刘禅父子鞠躬尽瘁，死而后已。著有《诸葛亮集》，其中《前出师表》《后出师表》《诫子书》等对后世影响很大。

慧能 六世禅宗

恩则孝养父母，义则上下相怜。让则尊卑和睦，忍则众恶无喧。（唐·慧能）

慧能很小的时候，父亲就去世了，留下他和母亲艰难度日。为了维持生活，慧能每天上山砍柴，再背到城里去卖。

有一天，慧能给一户人家送完柴，正准备回家，却看见一位老者手里捧着一本经书在诵读。他听见老人读了一句"于无所住而生其心……"后，心中不由得一动，忙上前询问老者："请问老人家，您念的是什么经？"老者说："我念的是《金刚经》。"慧能又问："那您是在哪里学的这个佛经？"老者回答："在湖北黄梅山跟五祖弘忍学的。"慧能听罢，竟萌生了出家学佛的念头。他回家将母亲托付给邻居照顾，便毅然动身去湖北求学佛法了。

慧能走了三十多天才到了湖北黄梅山，见到了弘忍。弘忍看见慧能衣衫褴褛，问道："你是哪里人？到这里来做什么？"慧能回答："弟子是岭南新兴人，此来拜师，是为了成佛。"弘忍于是说："你从新兴来，是南蛮之人，下巴尖额头突，不像佛祖下巴圆额头阔，如何能成佛？"慧能立刻回答："人有南北之分，佛性难道也有南北之别吗？你我的形体不同，但我们的佛性并没有差别。"弘忍听了暗自高兴，说："你这南蛮根性倒也敏俐，就派你到后院春米吧。"就这样，慧能开始了他的出家生活。他每天在后院春米，一有时间就专心学习佛法。

　　这个时候，弘忍年事已高，他急于把衣钵传下去。一天，弘忍把弟子们召集起来，对他们说："你们将自己所悟的东西写成偈语，如果有谁真正悟道，我便把衣钵传给他。"

　　在弘忍的弟子中，神秀是被公认的最有希望接传衣钵的人。他写了一首偈语在墙上："身是菩提树，心是明镜台。时时勤拂拭，勿使惹尘埃。"其他弟子看完神秀的偈语后都拍手称好，只有弘忍一言不发地走开了。

　　慧能不是正式弟子，没能参加这次集会。这时他正在后院春米，正好一个小和尚跑到后院，嘴里念叨着神秀所作的偈语。慧能叫住他问："你刚才念的这首偈语是谁写的？"小和尚说："是神秀大师兄作的。师父要传衣钵，让每个人都写一首偈语。"慧能说："我心里也有一首偈语，可是我不会写，你帮我写到墙上吧？"慧能让小和尚在墙上写下了这样一首偈语："菩提本无树，明镜亦非台。本来无一物，何处惹尘埃。"

　　第二天，弘忍看见慧能作的偈语后，心中一震。当天晚上他把慧能叫到自己房里，为他讲解了《金刚经》，并把衣钵传

给了他。弘忍还对慧能说："过去达摩西来，初到我们中国时，人们都不相信他所说的法，达摩祖师就以传衣钵为信，现在这个衣钵传到我这里是第五代了。我将衣钵传给你，你现在就是禅宗的六祖了，希望你承先启后，传法度人。"

因为慧能并没有正式受戒，继承禅宗的衣钵必定会引起其他人的不满。为慧能的安全着想，弘忍命他带着衣钵去南方，并亲自送他到江州的渡口。临别时弘忍吩咐慧能不到必要的时机，不能把自己是禅宗六祖的身份讲出来，以免其他僧人来争夺。

慧能来到岭南，度过了十五年的隐居生活。后来，慧能在广州遇到印宗法师，印宗法师为他剃发，传戒。至此，慧能才算是正式的僧人。在得知慧能是禅宗传人时，印宗法师反过来拜慧能为师。第二年，慧能去了曹溪，由许多信徒支持，建立了宝林寺，开始了传法生涯。

微阅读

慧能（638—713），唐代高僧，禅宗南宗创始人，被推为禅宗六祖。俗姓卢，世居范阳（治今河北涿州），生于南海（今广东广州市）新兴。继承五祖弘忍衣钵后，在宝林寺弘扬禅学，宣传"见性成佛"。其言论由弟子汇编成书，称《六祖坛经》。慧能是中国历史上有重大影响的高僧之一。

司马光　戒谎勤学

众人皆以奢靡为荣，吾心独以俭朴为美。（北宋·司马光）

司马光出身官宦世家。因为出生时他的父亲司马池正担任光州光山县县令，于是便给他取名"光"。

司马光从小就很聪明，他砸缸救小伙伴的故事家喻户晓。司马光救人以后，人们都交口称赞，大家都认为这个只有六岁的小孩不仅聪明机智，简直是个小神童。小孩子毕竟是小孩子，面对大人们的赞扬，司马光渐渐骄傲起来。

有一天，院子里的核桃成熟后掉了下来。司马光和姐姐一起捡了好多，拿回房砸开剥着吃。司马光把核桃仁放到口里一嚼便吐了出来："哎呀，好涩！"看到他那龇牙咧嘴的样子，姐姐笑了："这回你可不聪明了。这核桃仁外边的嫩皮要剥掉才好吃呀！"司马光便急着剥皮，可那皮粘得很紧，就是剥不下来。

姐姐看看他笨拙的样子，笑着出去了，司马光一个人在屋里不停地用小手剥着。这时一个送水的侍女进来，见他那费劲的样子，就告诉他把核桃仁用开水泡一下，再一搓，皮就掉了。司马光按她说的办法去做，果然不错。姐姐回来后看到他这个妙法，忙问是谁教他的。司马光得意地说："是我自己想出来的。"姐姐连声夸他真聪明。

一直在隔壁书房的父亲听到这一切，不由紧皱眉头："这孩子最近骄傲了，虚荣心越来越强，现在居然撒起谎来，看来再不能不管了。"于是他来到司马光的房里,严肃地问:"光儿,这法子真是你想出来的吗?"司马光在父亲严厉的追问下慌了神,支支吾吾半天回答不出来。父亲就对两个孩子说:"你们在堂屋里讲的话我都听见了。一个人聪明当然很好,但诚实更重要。说谎的人就不聪明,因为不诚实,别人就不相信你、瞧不起你,哪还有什么聪明可言呢?父亲就最不喜欢说谎的孩子。"司马光低下了头,小声地说:"我懂了,我错了,我一定改!"从此以后,司马光再也不说谎话了。

司马光小时候不仅聪明伶俐,还十分好学。他觉得自己记忆

力比较差，便比别人更加用功。每次老师讲完书，别的学生们读上一会儿，勉强背得出来，便一个接一个丢开书本跑到院子里玩。只有他不肯走，他轻轻地关上门窗，专心地高声朗读，读了一遍又一遍，直到读得滚瓜烂熟，合上书，能够流畅地、不错一字地背诵，才肯休息。

司马光小时候也有一个缺点——贪睡，他因此也没少受先生的责罚和同学们的嘲笑。为了改掉这个毛病，他下定决心一定早起。于是他在睡觉前喝满满一肚子的水，想早上被憋醒，但是他非但没有被憋醒，还尿了床。司马光没有放弃，聪明的他用圆木头做了一个枕头，只要一翻身，枕头就会滑到一边，人自然就惊醒了。从此他每天早早地起床读书，坚持不懈。这个圆木枕头也一直跟随着他，被他叫作"警枕"。

司马光的勤奋好学让他成为中国历史上著名的历史学家。他历时二十年编撰的《资治通鉴》是中国第一部编年体通史，在中国史书中占有极重要的地位。

微阅读

司马光（1019—1086），北宋人，著名史学家、散文家。字君实，夏县（今属山西）涑水乡人，世称涑水先生，死后封温国公。撰有编年体通史《资治通鉴》。

岳飞 拜师学艺

怒发冲冠，凭阑处、潇潇雨歇。抬眼望、仰天长啸，壮怀激烈。三十功名尘与土，八千里路云和月。莫等闲、白了少年头，空悲切。 靖康耻，犹未雪；臣子恨，何时灭？驾长车踏破，贺兰山缺。壮志饥餐胡虏肉，笑谈渴饮匈奴血。待从头、收拾旧山河，朝天阙。（南宋·岳飞）

1103年，岳飞在汤阴县一个农家出生了。传闻岳飞出生时，一只大鸟在岳家的屋顶盘旋，久久不肯离去，于是父母为他取名飞，字鹏举，希望他能像大鸟一样，展翅高飞。

因为家里非常贫穷，岳飞很小就跟着父母下地干活，生活的艰苦练就了他坚强的性格。岳飞非常喜欢看书，他常常看书到深夜。除了《左传》，他最喜欢读《孙子兵法》，并爱好武艺。当时北方的金国实力日益强大，金兵时常侵犯宋朝的边境。少年时期的岳飞发誓要练就本领，保家卫国。

岳飞听说有一位叫周侗的老人，武艺高强，尤其擅长弓箭，便前去拜师。

周侗见岳飞来求师，便问他："年轻人，你学箭法为了什么？"

"学了箭法就能驰骋疆场，保卫国家。"岳飞抬起头来大声回答。

周侗见这孩子志向远大，心中十分喜爱，当即便收了这个徒弟。刚开始周侗没有教岳飞射箭，而是让他苦练基本功，蹲马步，头上顶一个小碗，一蹲就是半天，或是一个劲老让他踢腿下腰。年轻气盛的岳飞因此十分苦恼，回家把自己的不满告诉了母亲。母亲在听完儿子的抱怨后说："练武术就像盖房子，得一块砖一块砖往上砌，如果砌得不牢，房子就会垮下来。老师让你练基本功，也是为了将来能够让你有一身过硬的本领啊。"

周侗也看出了岳飞的不满，有一天就特意将自己珍藏了多年的长弓取出来交给岳飞说："你如果能拉开这张弓，我就教你射箭。"

岳飞兴奋地接过来，说："师傅说话可得算话！"

岳飞使出吃奶的劲拉那张弓，可怎么也拉不动，周侗站在旁边

捋着胡须哈哈大笑起来。从那以后，岳飞练功更加刻苦，再也不抱怨师傅让他整天练习基本功了。

周侗将自己的毕生所学都传授给了岳飞，而岳飞也没有辜负师傅的期望，他勤学苦练，掌握了周侗箭法的精髓。岳飞的箭法到后来甚至超过了师傅，他左右开弓箭无虚发。

一天，岳飞对父母说："师傅把他一生摸索的箭法都传授给了我，还教我立身处世。现在孩儿已经长大了，正可以投身军营，保家卫国。"

他的父亲点点头，对岳飞说："金国侵占辽国以后，即将入侵中原。国家正在招募新兵，我儿准备一下前往吧。"

岳飞离家前见母亲神情有些感伤，便对母亲说："孩儿这次去东京，以后不能侍奉母亲了，请母亲给我背上刺几个字吧！"说完，岳飞脱下上衣跪在母亲面前。岳母含泪在岳飞背上刺了"精忠报国"四个大字。从此，岳飞走上了保家卫国的道路。

经过十多年的沙场鏖战，岳飞屡建奇功。他三次北伐抗击金兵，使金兵看见岳家军的大旗就闻风而逃，当时在金国还流传着"撼泰山易，撼岳家军难"的说法。但是岳飞等人的努力并不能挽救朝廷的困境，就在抗金战争取得辉煌胜利的时刻，朝廷连下十二道金牌，急令岳飞班师回朝。1142年，岳飞被奸臣秦桧以"莫须有"的罪名毒死于临安大理寺狱中。

微阅读

岳飞（1103—1142），南宋抗金名将。字鹏举，相州汤阴（今属河南）人。岳飞自幼立"精忠报国"之志，从军后屡建奇功。力主抗金，一度收复北方失地。无奈高宗、秦桧一意求和，收了岳飞的兵权。绍兴十一年（1142）以"莫须有"的罪名被处死。岳飞被誉为两宋时期最为杰出的军事统帅，位列南宋"中兴四将"（岳飞、韩世忠、张俊、刘光世）之首。

戚继光 **少 年 立 志**

封侯非我意，但愿海波平。（明·戚继光）

戚继光的祖上是明朝开国功臣，他的父亲戚景通文武双全，在当时很有名望。戚景通一直没有儿子，直到五十多岁时才生了一个儿子。戚景通虽然老来得子，对孩子十分疼爱，但他并没有一味地溺爱，他希望孩子将来能继承自己的事业，就给孩子起名叫"戚继光"。

戚继光深受父亲的影响，喜欢和伙伴们玩军事游戏，用泥做"城墙"，用木棍当"旗帜"，煞有介事地排兵布阵。戚景通看到儿子这么喜欢军事游戏，就常常给予指点。

戚继光七岁的时候被父亲送进了私塾。父亲在开学的第一天问戚继光："你长大了想要干什么？"小继光想都没想就回答说："读

书。"父亲摇摇头，语重心长地对戚继光说："读书只是为了让你明白道理，让你知道忠孝廉洁是什么，让你明白以后该怎么做人，怎样对得起你的良心。"

戚继光小小年纪哪能懂这么多，他似懂非懂地点点头。父亲摸摸戚继光的头，捋着胡子离开了。他不指望只有七岁的儿子能对这句话领悟多深，只要他记住这句话，在日后读书时能慢慢渗透就够了。

父亲离开之后，戚继光绞尽脑汁琢磨着父亲说的每个字。突然，他拉过一张椅子，来到靠墙的位置。他踩到椅子上，在墙壁上写下了四个大字：忠孝廉洁。

看着墙上这四个出自儿子之手的大字，戚景通感慨万分，他命令下人不得脏了这墙上的任何一个字，并让人搬来书案，就放在这面墙前面，让儿子每日在学习的时候都能望着这四个字，好好体会其中的道理，坚定自己的信念。

戚景通对儿子寄予重望，他从不放松对儿子的要求，以免戚继光受到来自各方面的不良影响。一次，戚继光的外婆用绸缎给他缝制了一双很漂亮的鞋子，戚继光穿上后特别高兴，就走到戚景通

的面前让他看。戚景通严肃地说："小小年纪就穿这么好的鞋子，长大了很难保证不贪图享受；如果当了军官，谁能保证不贪污军饷呢？"说完，非要戚继光把鞋子立即脱下。戚继光说是外婆送的，戚景通才通融了，并要求戚继光以后不许穿这么好的东西。

戚继光在父亲的教育下，养成了不慕虚荣、奋发向上的品质。后来，他创建"戚家军"，抗击屡屡侵犯我国沿海的倭寇，成为令世代传颂的民族英雄。

微阅读

戚继光（1528—1587），明朝抗倭名将、军事家。字元敬，号南塘，晚号孟诸，山东登州人。他率领军队在浙、闽、粤沿海等地抗击来犯倭寇（当时劫掠中国沿海的日本海商及海盗集团），历十余年，大小八十余战，终于扫平倭寇之患。世人称其带领的军队为"戚家军"。著有《纪效新书》《练兵实纪》《止止堂集》。

利玛窦的中国学生

徐光启

发奋识遍天下字，立志读尽人间书。（北宋·苏轼）

徐光启入仕途前，曾经受聘去韶州任教。在韶州徐光启见到了传教士郭居静。在郭居静那里，徐光启第一次见到了世界地图，知道在中国之外竟有那么大的一个世界；又第一次听说地球是圆的，有个叫麦哲伦的西洋人乘船绕地球航行了一周；还第一次听说意大利科学家伽利略制造了天文望远镜，能清楚地观测天上星体的运行。所有这些，对徐光启来说，都是闻所未闻的新鲜事。从此，他开始接触西方近代自然科学。

后来，徐光启进京应试，本已落选，却又被主考官焦竑（hóng）于落第卷中捡出并录为第一名。徐光启主张文章学问应该"益于德，利于行，济于事"，而这与焦竑的治学主张一致，因此徐光启极受焦竑赏识。不久，焦竑被劾丢官，徐光启回到家乡继续教书，与郭居静来往密切。徐光启听说到中国来传教的耶稣会会长利玛窦精通西洋的自然科学，就到处打听他的下落，想当面向他请教。后来，他终于得到了利玛窦正在南京传教的消息，随即专程前往南京拜访。

利玛窦是意大利人，原名叫玛太奥·利奇。他从小勤奋好学，在数学、物理学、天文学、医学领域都有着很高的造诣，而且擅长制作钟表、日晷，善于绘制地图和雕刻。从神学院毕业后，利玛窦被耶稣会派到中国来传教。为了便于同中国人交往，他刻苦学习中

国的语言、文字和古代文
化，换上中国的服装，按
照中国的礼节和风俗习惯
进行活动，还为自己取了
"利玛窦"这样一个中国
名字。

徐光启见到利玛窦，
对他表示了仰慕之情，并
希望向他学习西方的自然
科学。利玛窦看徐光启是
个读书人，也想向他学习
中国古代的文化典籍，并
热衷发展他为天主教徒，就同他交谈起来。他们从天文谈到地理，
又谈到中国和西方的数学。两人都觉得相见恨晚。

在随后的几年里，徐光启向利玛窦学习了西方的天文、历法、
数学、测量和水利等科技知识，并与利玛窦合译《几何原本》，将
西方先进的自然科学在中国推广开来。

微阅读

徐光启（1562—1633），明代科学家。字子先，号玄扈，上海
县（今上海市旧城区）人。曾官至礼部尚书、文渊阁大学士。在农
学、天文学、数学方面成就显著。徐光启也是中西方文化交流的先
驱之一，是上海地区最早的天主教徒。编著有《农政全书》，译著
有《几何原本》等。

孙中山 走上革命之路

君志所向，一往无前，愈挫愈勇，再接再厉。（孙中山）

孙中山是我国伟大的民主革命先行者，深受全国各族人民乃至世界人民的尊崇和景仰。

1866年11月12日子夜，广东香山县翠亨村村头传来"哴哴哴"的打更声，农民孙达成手提一盏旧灯笼、敲着竹梆，行走在初冬的寒风之中。

不一会儿，"哇——哇——"，一间茅屋内传出了婴儿降世的啼哭声。孙达成惊喜地跑向茅屋。

这个刚诞生的婴儿，就是四十多年后领导中国人民推翻几千年封建专制，倾覆清王朝统治，在东方古国建立起第一个共和国的大总统孙中山。

孙中山是孙达成的第三个孩子。孙家日

子过得艰辛，孙中山六岁便上山打柴放牛，随外祖父到海边打蚝，有空的时候还到邻村武馆偷学拳术，从小就养成了勤劳勇敢的品格。贫寒的幼年生活，也使得孙中山对于旧中国的民生疾苦有着切身的体会。

孙中山十岁时进到村里的私塾读书，很快便成为学校里出类拔萃的学生。这期间，他的同乡陆皓东从上海回乡。二人志趣相投，很快成为莫逆之交。

1879年，年近十四岁的孙中山受长兄孙眉接济，随母亲乘轮船赴夏威夷檀香山，始见"沧海之阔，轮舟之奇"，开始了海外求学之路。

1892年，孙中山以优异成绩从香港西医学院毕业，并获当时港英政府总督威廉·罗便臣亲自颁奖。之后，在澳门、广州等地行医。1894年，陆皓东随孙中山到达天津，上书李鸿章，提出革新政治主张，未被采纳。孙中山并不气馁，反而在失败中激发出振臂高呼的勇气。他回到檀香山，在华侨中四处演讲游说，激发民众"振兴中华"的爱国热情。不久，组建兴中会。1895年，又与陆皓东一起组建香港兴中会机关。从此，开始了推翻帝制、建立共和的革命生涯。

微阅读

孙中山（1866—1925），近代伟大的民主革命家，中国国民党创始人，三民主义的创立者。名文，字德明，号日新，改号逸仙，广东香山（今中山）人。首举彻底反封建的旗帜，"起共和而终帝制"。1905年成立中国同盟会。1911年辛亥革命后被推举为中华民国临时大总统。一生屡经失败，但推翻帝制、建立共和的信念从未动摇，革命的行动从未停止。1925年3月12日逝世时，留下遗嘱"必须唤起民众，及联合世界上以平等待我之民族，共同奋斗"。

梁启超 投师康门

少年智则国智，少年富则国富，少年强则国强，少年独立则国独立，少年进步则国进步，少年自由则国自由，少年胜于欧洲则国胜于欧洲，少年雄于地球则国雄于地球。（梁启超）

梁启超出身于广州新会的一个小地主家庭。梁启超受到了很好的启蒙教育。在他两三岁时，母亲就开始教他识字，四五岁时就在祖父和父亲的教导下读四书五经。到九岁时，梁启超就学会了写作八股文，当地的人都称他为"神童"。

也就是九岁这一年，梁启超到广州去考秀才。虽然这次没能考中，但是梁启超接触了一些新的思想和学说，开阔了眼界。他从广州买回许多宣传新思想的书，认真学习，大受启发。

1884年，梁启超再次到广州参加秀才考试，这次他考中了，得以进入当时广州的最高学府学海堂读书。梁启超在学海堂学习了四年，在这四年里，他广览典籍，接触各家思想，打下了坚实的汉学基础。1889年，梁启超参加广州的乡试，考中举人。

第二年，梁启超到北京参加会试，却没有中。但是这一年，却是梁启超收获最大的一年。他看到了介绍世界地理和历史的重要著作《瀛环志略》以及一些译作。这些作品为梁启超开启了突破国界、了解世界的窗口，让梁启超眼界大开，也影响了他传统的读书做官的思想。

也就是在这一年，梁启超认识了康有为。梁启超在京城听说了康有为关于变法的主张，很是赞同，就慕名前去拜访。见到康有为后，梁启超说明了想拜康有为为师的意图。康有为却说："您是举人，我只是秀才；您功名比我高，何必来屈就呢？"梁启超回答说："先生虽然屈居秀才，学问可远在举人之上，我怎么不能拜师呢？"

康有为见他心意诚恳，就问他读过什么书，梁启超颇自得地说："我从小熟读四书五经，还钻研过诗词文章。"没料到，康有为却摇摇头说："你读的那些书，都是陈腐无用的东西。"接着，康有为谈起了俄国和日本如何变法，如何使国家由弱变强。康有为讲的道理，彻底动摇了梁启超传统保守的观念，令他如饮醍醐。

拜康有为为师后，梁启超开始在康有为讲学的万木草堂读书。1890年到1894年这四年是梁启超人生道路上具有决定性意义的四年，康有为的维新变法思想为梁启超提供了一个崭新的天地。梁

启超很快成为康有为的得力助手。1895年春再次赴京会试时，他协助康有为发动在京应试举人联名请愿的"公车上书"。在戊戌变法中，梁启超也担任重要角色。世人将他俩合称为"康梁"。

微阅读

梁启超（1873—1929），近代维新派领袖、政治活动家、启蒙思想家。字卓如，号任公，又号饮冰室主人，广东新会人。和其师康有为一起，倡导变法维新，并称"康梁"。曾倡导文体改良的"诗界革命"和"小说界革命"。其著作编为《饮冰室合集》。

陈独秀 "辫子"风波

青春如初春，如朝日，如百卉之萌动，如利刃之新发于硎（xíng，磨刀石），人生最宝贵之时期也。青年之于社会，犹新鲜活泼细胞之在身。（陈独秀）

陈独秀从小就性格倔强，非常有主见。他有时候做了错事，任随大人如何责罚他，他都不会求饶，常常把严厉可怕的祖父气得怒目切齿。陈独秀个性好强，读书却也一丝不苟，往往令教他的祖父也禁不住赞赏几句。

陈独秀在1896年就考中了秀才。后来，因为思想激进，进行反清活动，被清政府通缉，便逃往日本。

在日本期间，陈独秀依然保持个性，敢想敢为。当时，清廷湖北留日学生学监姚煜生活腐败、思想顽固，拼命压制进步学生，陈独秀就与友人商量伺机教训教训他。

一天夜里，陈独秀与邹容等偷偷来到姚煜的住所。趁姚煜还没有反应过来，就将他按在地上，由张继抱腰，邹容捧头，陈独秀挥剪，"咔嚓"一声便剪去了姚的辫子。此举在留学生中传开来，真是大快人心，陈独秀他们获得了一片喝彩。但陈独秀也因此惹怒了官方，不得不回国了。

微阅读

陈独秀（1879—1942），中国共产党的创始人和早期领袖，五四新文化运动的主要领导人之一。字仲甫，号实庵，安徽怀宁十里铺（今属安庆）人。

胡适 　胡母教子

大胆的（地）假设，小心的（地）求证；认真的（地）做事，严肃的（地）做人。（胡适）

父亲过世的时候，胡适只有四岁，母亲无奈中带着他回到父亲的老家生活。母亲对胡适的教育特别重视，在他三岁前就让他认方块字，学了约有一千字。回到老家后，母亲就将胡适送到胡适四叔开的私塾里念书。一开始胡适个子太小了，上学时还要人把他从念书坐的高凳上抱上抱下。

母亲特别嘱托老师要给胡适"讲书"，每读一字，就讲一字的意思；每读一句，就要讲一句的意思。懂得了书中的意思，才能真正明白道理，这就使胡适比一般的孩子学得扎实。

在母亲的教育下，胡适从小就刻苦好学。每天早上母亲都会很早叫他起床，催促他上学。因为私塾学堂的钥匙在老师家里，所以胡适总是天蒙蒙亮时就赶到老师家门口，轻轻地敲门。里面的人听到敲门声，就把钥匙从门缝里递出来。胡适拿到钥匙后，再赶到学堂把门打开，然后刻苦攻读。

胡适的母亲对胡适既是慈母也是严父。胡适虽然天资聪慧也喜欢读书，但是小孩子难免有调皮捣蛋的时候。每次胡适犯了错，母亲从来不会在别人面前骂他一句，打他一下。如果犯的事小，母亲就等第二天早晨胡适睡醒时才教训他；如果犯的事大，母亲就等到夜深人静时，关了房门，再严厉地责罚他。

一次，胡适吃过晚饭在门口玩，身上只穿着一件单背心。因为当时是秋天，天气已经转凉了，姨母怕他着凉，就拿了一件小衫叫他穿上。胡适玩得正高兴，不肯穿，还随口说道："娘（凉）什么！老子都不老子呀。"

胡适刚说完这句话，就看见母亲从屋里走了出来，他赶紧把小衫穿上，但是母亲已经听见这句轻薄的话了。晚上等人们都睡下了，母亲让胡适跪下，重重责罚了他一顿。她说："你没了老子，是多么得意的事！用不着嘴巴来说！"母亲气得发抖，不许胡适上床睡觉，他就只能跪在地上哭。母亲这种既严厉又保护孩子自尊心的教育方式，使胡适从小就懂得正经做人，爱惜名誉，这为他日后的不断上进奠定了基础。

胡适十三岁时，母亲毅然将他送往上海求学。为了让胡适安心读书，深明事理的母亲送儿子上路时没有在儿子和众人面前掉一滴泪。

1910年，年仅十九岁的胡适通过考试取得了赴美官费留学的机会。此后在美国学习的七年间，胡适与母亲只能保持书信来往。母亲病重时也不让人告诉儿子，以免他中断学业。不仅如此，母亲知道邻居宋家有一部《图书集成》是儿子一直求之未得的，当宋家愿意低价出售这本书的时候，母亲借了钱，为儿子把书买了下来。

1917年7月，胡适学成回国，开始担任北大教授。胡适没有辜负母亲的期望，终于学有所成，但是他还没来得及好好报答母亲，次年11月，劳碌一生的母亲就病逝了。

胡适是一位学识渊博的学者，在文学、哲学、史学、考据学、教育学、伦理学等诸多领域都很有造诣，他后来因提倡文学革命而成为新文化运动的领袖之一。胡适一生能取得如此辉煌的成绩，与从小母亲的教育是分不开的。

微阅读

胡适（1891—1962），学者、诗人、历史学家。原名洪骍，字适之，安徽绩溪人。新文化运动的著名人物。著有《中国哲学史大纲》（上卷）、《白话文学史》（上卷）等。

叶圣陶

父亲的教育

教育就是培养习惯。（叶圣陶）

叶圣陶的父亲是地主家的账房，略通文墨，也有一定的见识。他很重视对子女的教育，在叶圣陶三岁时就开始教他读书识字。叶圣陶六岁时，父亲就把他送进了私塾。

私塾先生是当地很有名气的黄老先生，学问很好，教学极严。父亲对儿子的要求也很严格。叶圣陶一放学回家，父亲就督促他温习功课，还立下了"弗熟不得进膳"的家规。因为叶圣陶学习自觉，记忆力又强，所以并没有出现因书背不出而吃不成饭的事情。

跟着黄先生，叶圣陶读了《三字经》《百家姓》《千字文》。过了一年，父亲又送他到顾家花园跟随一位张老先生读四书五经。

张先生教书，同样非常认真，对学生的要求也特别严格，规定学生对所学内容都要读熟背诵，否则就动用戒尺施以体罚。叶圣陶在学习上丝毫不敢懈怠，他用心读书，学过的每篇文章都能顺畅地背诵出来。

父亲鼓励儿子熟读圣贤书，但他认为不能把孩子关在书房里"一心只读圣贤书"，而应该带孩子多出去走走，增长孩子的见识。所以，父亲每次出门都会带着叶圣陶，不仅教给他待人接物的道理，沿途所见，都尽量讲解，这就大大地开阔了叶圣陶的眼界。每次回家后，父亲还要求他回忆外出见闻，作类似日记的记录，以此训练他的写作能力。

为了使叶圣陶多增长些文学知识和历史知识，父亲又带他到茶馆听说书、听昆曲。叶圣陶小小年纪就听了不少的书，像《珍珠塔》《三笑》《三国志》《水浒传》等，他都听过，有的还不止听过一遍。

这些文化熏陶，使叶圣陶提高了艺术审美的能力，也使他有了文学根底。叶圣陶的父亲把家庭、私塾和社会结合起来的教育方法在今天看来都是很科学和开明的，正是父亲的良好教育为叶圣陶以后的成就打下了基础。

微阅读

叶圣陶（1894—1988），作家、教育家、出版家和社会活动家。名绍钧，江苏苏州人。代表作有童话集《稻草人》、长篇小说《倪焕之》等，并写了大量有关教育、教学的专著和文章，为我国现代教育、现代文学、现代出版事业做出了重大贡献。

千重浪　万重山

踏遍千重浪，
越过万重山，
为信念、为希望而战。

大禹 三过家门而不入

力平水土势回天，功业三千五百年。四海九州皆禹足，独留陵寝越山边。（元·宋无）

据传，上古时代尧帝统治国家的时候，黄河流域洪水滔天，吞没了大片村庄和农田。人们失去了自己的家园，妻离子散，四处逃难。尧帝召集部落首领会议，任命鲧来治理洪水。

鲧接受任务后，偷来了天帝的宝物——可以不断生长的泥土"息壤"。他用息壤东一块西一块地堵水，堵了九年，洪水照样泛滥成灾。后来，天帝派火神祝融把鲧杀死在羽山。鲧死后三年尸体都不腐烂，人们用刀剖开他的肚子，发现了一个婴儿，这就是禹。

后来，舜帝开始统治国家，他任命禹为治水的头领。禹吸取了父亲治水的教训，不再用泥土去堵水，而是用疏导的办法，开沟挖渠，让水从沟渠汇入河流最后汇入大海。

为了治水，大禹与涂山氏新婚后几天即离开家，继续带领众人治理水患。走了快一年，禹路过家门口，刚好听到孩子呱呱坠地的声音，他的儿子启出生了。大禹多想回家看看妻子看看孩子，但他没有停留，他忙着指挥众人测量地势，修建水渠。又过了一年多，大禹再次经过家门口，只见妻子涂山氏抱着儿子启站在门口张望。见到大禹，儿子启不断挥手，想要他回家。大禹停下来，同他们招了招手就继续赶路了。第三次路过家门，大禹仍然没有回家，他把所有心思都用在治水上了。

　　在治水的过程中，禹穿着破烂的衣服，吃着粗糙的食物，住着简陋的窝棚，每天都带头干最苦最累的活。禹治水十三年，皮肤晒得黝黑，腿上和胳膊上的汗毛都磨光了，手掌和脚掌结满了厚厚的老茧，百姓们见了都感动得落下泪来。

　　大禹治水成功，舜帝在隆重的祭祀仪式上将一块象征最高荣誉的玉圭赐给禹，以表彰他的功绩。后来，舜帝将帝位传给了禹。

微阅读

　　禹（生卒年不详），亦称大禹、夏禹，夏朝的建立者。因治水有功，被部落首领舜选为继承人，舜死后即位。尧、舜、禹是我国上古时代最贤明杰出的首领。

越王勾践

忍辱负重成大业

有志者，事竟成，破釜沉舟，百二秦关终属楚；苦心人，天不负，卧薪尝胆，三千越甲可吞吴。（清·蒲松龄）

周敬王二十三年（前497）越王允常去世，他的儿子勾践即位。勾践元年（前496），吴王阖闾举兵讨伐越国。年轻的勾践统兵抗击，大败吴军，射伤吴王阖闾。阖闾在弥留之际告诫儿子夫差说："千万不能忘记越国。"

前494年，勾践听说吴王夫差日夜操练士兵，意在为他自己的父亲报一箭之仇。勾践打算先发制人。勾践的决定遭到了谋臣范蠡（lǐ）的反对。可是勾践不顾反对，举兵进军吴国。吴王动用全

国精锐部队迎击越军，在夫椒（今江苏吴县西南）大败越军。勾践领五千残兵退守会稽，吴王乘胜追击包围了会稽。

眼见突围无望，勾践不禁仰天叹息："我将在此了结一生吗？"大臣文种说道："商汤被囚禁在夏台，周文王被围困在羑里，晋国重耳逃到翟，齐国小白逃到莒，他们最终都称霸天下。由此观之，我们今日的处境何尝不可能成为福分呢？"范蠡在一旁建言道："能够完全保住功业的人，必定效法天道的盈而不溢；能够平定倾覆的人，一定懂得人道是崇尚谦卑的；能够节制事理的人，就会遵循地道而因地制宜。现在，您对吴王要谦卑有礼，派人送去优厚的礼物；如果他不答应，您就亲自前往侍奉他。"勾践于是派文种去向吴王求和。

文种去见吴王夫差，一路叩头跪行，并谦卑地说："君王的亡国臣民勾践让我大胆向您请求，允许他做您的奴仆。"夫差一脸得意，张口便要答应，伍子胥却站出来说："天帝把越国赏赐给吴国，请大王不要错失良机。"于是夫差拒绝了勾践的求和。

文种回去后，对勾践说："吴国的太宰嚭（pǐ）十分贪婪，我们可以用重金诱惑他。"文种给太宰嚭献上美女、珠宝，太宰嚭欣然接受，就悄悄把文种引见给吴王。文种见到吴王叩头说："希望大王能赦免勾践的罪过，我们越国将把世传的宝物全部送给您。万一不能侥幸得到赦免，勾践将把妻子儿女全部杀死，毁掉宝物，率领他的五千士兵与您决一死战，您也将付出相当的代价。"太宰嚭借机劝说吴王："越王已经服服帖帖地当了臣子，赦免他，对我国有利。"吴王赦免了越王，撤军回国。

前492年5月，勾践把越国交给文种管理，带着妻子和范蠡前往吴国侍奉吴王夫差。夫差为了羞辱勾践，就让他住在阖闾坟墓前的一个小石屋里守坟喂马。有时夫差骑马出门，要勾践为他牵马，还故意在国人面前走过。勾践忍辱负重，自称贱臣，吃粗粮、睡马房、服苦役，对吴王毕恭毕敬，小心伺候。面对各种羞辱他隐忍节制，从不流露一点怒气和仇恨。就这样三年时间过去了。由于勾践尽心服侍，再加上太宰嚭不时接受文种派人送来的礼物而在夫差面前为勾践说好话，夫差认为勾践已真心臣服，便决定放勾践夫妇和范蠡回国。

前490年，勾践归越。为了激励自己不忘报仇雪耻，他睡觉时不铺褥子而铺上柴草。还在房间里挂上了苦胆，每顿饭前都要尝尝，以此来提醒自己不要忘记所受的屈辱。为了使国家强盛，勾践

采纳了范蠡、文种提出的"十年生聚，十年教训"的政策。他与百姓一起劳动，生活非常节俭。经过近二十年的休养生息，越国国力强盛，军队壮大。

前475年，勾践伐吴，大败吴军，包围吴都（今江苏苏州）三年，吴王夫差被围困在姑苏山。夫差长期被困，力不能支，就派公孙雄去与勾践讲和。但是勾践听从了范蠡的建议，拒绝了夫差的求和。夫差见大势已去，就在姑苏山上自尽而亡。勾践在前473年一举灭吴，洗刷了曾经为奴的耻辱。

随后勾践又乘胜率兵北渡淮水，在徐州（今山东省滕州市南）大会诸侯，称霸中原。

微阅读

越王勾践（？—前465），春秋末期人，越国君主。曾被吴王夫差击败，屈服求和，到吴国当人质。回国后，卧薪尝胆，发愤图强，终于转弱为强。前473年灭吴。后称霸中原，成为春秋五霸之一。

韩信 能屈能伸的大丈夫

　　韩信在淮阴，少年相欺凌。屈体若无骨，壮心有所凭。一遭龙颜君，啸咤从此兴。千金答漂母，万古共嗟称。（唐·李白）

　　韩信出身寒微，家境贫寒。他的母亲去世后，他就常常依靠别人糊口度日。当地的一个亭长见韩信并非凡夫俗子，便收他做了门客。可韩信在亭长家吃了几个月闲饭也没做出什么有影响的事，亭长的妻子很不满，等到吃饭的时候韩信去了，就不为他准备饭食。韩信看出她的用意，一怒之下同亭长绝交而去。

　　没地方吃饭的韩信就在护城河边钓鱼，但是这样并不能填饱肚子。有一位年老的洗衣妇见韩信饿得可怜，就给他饭吃，一连几十天都是这样。韩信很感激，对这位老大娘说："我将来一定会重重报答您的。"没想到老大娘听了很生气，斥责韩信说："大丈夫不能自食其力，太可悲了！我只是可怜你给你饭吃，难道我是企图得到什么回报吗？"韩信听了深感愧疚。

　　有个年轻的屠户想侮辱韩信，就对韩信说："你虽然长得又高又大，又喜欢佩带刀剑，但你还是个胆小的人。"并当着很多人对他说，"你要是有本事，就刺死我；没本事的话，就从我的胯下钻过去！"韩信注视了对方良久，慢慢低下身来，从他的胯下爬了过去。从此，街上的人都耻笑韩信，认为他是个怯懦之人。后来韩信当了齐王，回到家乡后并没有报复那个羞辱他的人。有人对韩信的做法很不理解。韩信解释道："当时我并不是怕他，而是我没有杀他的理由；如果当时我杀了他又怎么会有我的今天呢？"

　　前209年，陈胜、吴广揭竿而起，各地义军纷纷响应。韩信投奔了项梁。项梁战死后，又追随项羽，但未受项羽重用。他多次向项羽献策，均不被采纳。于是他愤然逃出楚营，投奔刘邦。刘邦一开始也没把他当将才使用，只任命他为治粟都尉。韩信见刘邦不肯重用自己，决意离开汉营而去。刘邦的丞相萧何对韩信的才能早有耳闻，于是他在听说韩信出走后，即刻骑马月夜苦追，将韩信追回。

　　萧何向刘邦极力推荐韩信，刘邦在和韩信交谈后认识到他是个不可多得的人才，于是命人筑好了拜将坛。刘邦择了吉日，沐浴更衣，带领文武百官来至坛前。坛前悬着大旗，威严无比，四面列着戈矛，肃静无哗。丞相萧何将符印、斧钺呈给刘邦。刘邦拿着金印缓步走上拜将台，坛下的一群将领都翘首伫望，不知这枚大将的金印究竟会落到什么人手上。只见萧何代宣王命，高声喊道："谨请大将军登坛行礼！"只见韩信从容步上将坛。大家一见韩信，吃惊不小，一个军中不出名的小吏，如今竟然被拜为大将军；又见刘邦、萧何都是那么毕恭毕敬，越发感到惊讶。但是韩信后来的表现果然没有令刘邦失望，没有辜负萧何的良苦用心。他向所有怀疑他的人证明，刘邦为他做的一切都是值得的。

　　在楚汉战争中，韩信率汉军度陈仓，战荥阳，破魏平赵，收燕伐齐，连战连胜，在垓下设十面埋伏，一举将项羽全军歼灭，为刘邦平定了天下。很显然，在楚汉战争中，韩信军事才能的充分发挥和运用，为汉王刘邦夺取天下立下了汗马功劳。

　　韩信在军事方面的才能一直是人们佩服他的一个重要原因，其实他能屈能伸的性格才是最应该让人敬佩的地方。从忍受胯下之辱到被刘邦拜为大将，韩信如果没有之前的忍耐，又怎么会有之后的辉煌呢？

微阅读

　　韩信（？—前196），西汉开国功臣，被封齐王、楚王，后贬为淮阴侯。淮阴（今江苏淮阴市西南）人。善于用兵，著有兵法《韩信》三篇，已失传。

张骞 开拓丝绸之路

风沙霜雪十三年，城郭山川万二千。汉马死亡宛马到，万人怨怒一人怜。（南宋·陈普）

西汉从建立以来一直受到北方游牧民族——匈奴的威胁。汉武帝刘彻即位后，就想彻底消灭匈奴，从根本上解除来自北方的威胁。

前140年，汉武帝打算联合西域的大月氏共同攻击匈奴，于是就下令选拔人才，出使西域。满怀抱负的张骞挺身应召，并在众多佼佼者中脱颖而出。

前139年，张骞奉命率领一百多人从陇西（今甘肃临洮）出发，一个归顺的"胡人"、堂邑氏的家奴堂邑父自愿充当张骞的向导和翻译。一行人西行进入河西走廊，这一地区自从月氏人西迁后，已完全被匈奴人所控制。张骞一行匆匆穿过河西走廊时，不幸碰上匈奴的骑兵队，于是一百多人全部被抓获。

张骞等人被押送到匈奴王庭。单于对张骞说："月氏在我们匈奴的北边，你们汉国怎么可以往来啊？如果我派使者去你们南边的越国，汉朝能允许吗？"这就是说，匈奴人无论如何也不容许汉使通过匈奴人的地区去出使月氏。

张骞一行人就被扣留和软禁在了匈奴。匈奴人把他们分散，让他们去放羊牧马，给匈奴人做奴隶。匈奴单于为软化、拉拢张骞，打消他出使月氏的念头，进行了种种威逼利诱，还给张骞娶了匈奴的女子为妻，后来这个匈奴女子给张骞生了个孩子。但是这些都没能让张骞忘记自己的任务，他始终没有动摇为汉朝通使月氏的意志和决心。张骞一直在等待时机，准备逃跑。

这一等就是十年之久。匈奴对张骞的看管有所放松，张骞就乘机和他的贴身随从堂邑父一起逃走了。由于他们仓促出逃，没有准备干粮和水，一路上常常忍饥挨饿，干渴难耐，随时都会倒在荒滩上。好在堂邑父射得一手好箭，沿途常射猎一些飞禽走兽，他们饮血解渴，食肉充饥，才躲过了死亡的威胁。他们离开匈奴的地盘，继续向西行进。历经艰辛，终于到达大宛（今费尔干纳盆地）。在大宛向导的带领下到达康居（今巴尔喀什湖和咸海之间），最后到达大月氏。

此时大月氏的国情已发生很大变化，他们在阿姆河上游安居乐业，不愿再东进和匈奴作战。张骞未能完成与大月氏结盟夹击匈奴

的使命，但却获得了大量有关西域各国的人文地理知识。张骞在大夏等地考察了一年，在前128年启程回国。

回国途中，张骞又被匈奴抓获，拘禁了一年多。前126年，匈奴内乱，张骞乘机脱身回到长安。

张骞出使时带着一百多人，历经十三年后，只剩下他和堂邑父两个人回来。这次出使，虽然没有达到原本的目的，但对于西域的地理、物产、风俗习惯有了比较详细的了解，为汉朝开辟通往中亚的交通要道提供了宝贵的资料。

微阅读

张骞（？—前114），西汉人，卓越的外交家、旅行家与探险家。汉中成固（今陕西城固）人。先后两次出使西域，加强了中原和西域的联系，开辟了中国通往西方的"丝绸之路"。

郦道元

行遍万水千山

道元好学，历览奇书。（北齐·《魏书》）

　　郦道元在小时候就喜欢到处游览，在游览的过程中，他对地理考察产生了浓厚的兴趣。十几岁时，父亲被调往山东，郦道元也跟着父亲一起来到了山东。郦道元经常与朋友一起到风景优美的地方游览，他们几乎游遍了整个山东。美丽壮观的景色使郦道元大为陶醉，复杂多变的地形地貌让他对地理更加入迷。

　　后来，郦道元也走上了仕途，他先后在山西、河南、河北等地做官。一有闲暇，郦道元就进行实地的地理考察和调查。凡是他走到的地方，他都尽力搜集当地有关的地理著作和地图，并根据图籍提供的情况，考察各地河流干道和支流的分布，以及河流流经地区的地理风貌。他不仅跋涉郊野，寻访古迹，追溯河流的源头，还拜访乡老，采集民间歌谣、谚语、方言和传说，然后把见闻详细地记录下来。日积月累，他掌握了许多有关各地地理情况的原始资料。

　　通过实地的考察和对地理书籍的研究，郦道元感到前人的地理著作，包括《山海经》《禹贡》《汉书·地理志》以及大量的地方性著作，所记载的地理情况都过于简略。比如《水经》一书，所记河流，繁简不等，甚至存在一些错误，更何况随着时间的推移，地理情况会不断发生变化。例如，河流会改道、地名有变更、城镇村落有兴衰等等，特别是人类的活动会不断改变地面的风貌。因此历史上的地理著作已经不能满足人们的需要了，郦道元决心动手写一部书，反映当时的地理面貌和历史变迁的情况。

　　在著书的过程中，郦道元以《水经》一书作为蓝本，采取了为《水经》作注的形式，因此取书名为《水经注》。但是，他并不是简单地为《水经》作注释，跟着《水经》一书的记述走，而是在《水经》的基础上，做了二十倍于原书的补充和扩展。

　　郦道元在写《水经注》时，突破了《水经》只记河流的局限。他以河流为纲，详细地记述了河流流经区域的地理情况，包括山脉、土地、物产、城市的位置和沿革、村落的兴衰、水利工程、历史遗迹等古今情况，并且具有明确的地理方位和距离的观念。

　　《水经》一书记载的河流仅一百三十七条，文字总共只有一万多字。郦道元在《水经注》中补充了许多河流，数量达一千二百五十二条，其中有些还是独立流入大海的重要河流。《水经注》为6世纪前中国最全面而系统的综合性地理著作。

微阅读

　　郦道元（约470—527），北魏地理学家、散文家。字善长，范阳涿县（今河北涿州）人。好学乐游，每到一地，均留心考察各种地理现象，撰写出地理巨著《水经注》。《水经注》不仅为我国古代最早的综合性地理著作，又因文笔绚丽而成为极富文学价值的地理巨著。

玄奘 西天取经

我先发愿，若不至天竺，终不东归一步。今何故来？宁可就西而死，岂归东而生。（唐·玄奘）

玄奘出身儒学世家。他的曾祖、祖父都曾在朝为官，他的父亲却潜心儒学不再做官。由于家境困难，玄奘少时就跟着他两个兄长在洛阳净土寺寄居并学习佛经。由于他酷爱佛学，十三岁时洛阳度僧，他就破格入选。以后他遍访名师，造诣日深。在学习的过程中，他感到各派学说存在许多分歧，难得定论，于是决心到天竺学习佛教。

贞观元年（627，也有记载说是贞观三年，即629），玄奘上奏朝廷希望获得允许西行求法，但未获批准。然而玄奘决心已定，就"冒越宪章，私往天竺"。他从长安出发，经过兰州到达凉州。当时唐朝国力尚不强大，正在与西北突厥人打仗，禁止民众私自出关。凉州都督李大亮听说玄奘要西行，强令他返回长安。当地慧威法师敬重玄奘宏愿，令小徒弟慧琳、道整二人秘密送玄奘前进。他们怕白天被官兵捕捉，便夜晚行路。到达瓜州时，所骑的马又死了。这时李大亮捉拿玄奘的公文到达，州吏李昌认为玄奘的宏愿是罕见的，不应扣留他，就把公文毁掉，催促玄奘赶快前行。玄奘买得一匹去过伊吾（哈密市）十余趟的老瘦赤马，由新收的徒弟石盘陀陪同，于夜间上路了。慧琳、道整二人不堪远行，遂回凉州。如此艰难的行进使玄奘进一步下定了西行的决心：不到天竺，终不东归，纵然客死于半道，也决不悔恨。半夜，他们偷度玉门关成功。后来，石盘陀表示再走是死路一条，不愿同行，玄奘只好任他离去，孤身一人前进。

　　玄奘只身一人穿过沙漠，到达伊吾，随后到达高昌。高昌王笃信佛法，他热情款待了玄奘，希望他留下来传播佛教。玄奘的目的是往印度取经，于是他婉言谢绝。高昌王再三挽留他，玄奘还是不

同意留下。高昌王以为用扣留的方式可以使玄奘屈服，玄奘就用绝食来表达自己的决心，三天滴水不沾。高昌王为他的精神所感动，就答应放他西行，但是要求玄奘在高昌讲经一个月。玄奘答应了他的要求。一个月后，高昌王给玄奘剃度了四个徒弟，送给他三十匹马、二十五个随从，并写了二十四封公文给玄奘西行将要经过的各个地区的行政首脑，请求他们关照。

　　临行时，高昌城僧侣、大臣以及百姓倾城夹道相送，高昌王抱着玄奘大声恸哭，相送数十里才回城。后来玄奘一行人途经了中亚的大部分地区，终于到达天竺。到那以后，玄奘遍访高僧，到各处的寺院学习佛法。后来，他到了那烂陀寺（古印度佛教的最高学府），受学于戒贤法师。玄奘在那烂陀寺学习了五年，他不仅备受优遇，还被选为通晓三藏的十德之一（即精通五十部经书的十名高僧之一）。

　　其后玄奘徒步考察了整个南亚次大陆，在一次佛学讲座中名扬全天竺，被当地僧人尊称为"大乘天"。

　　贞观十九年（645），经历了十余个春秋，玄奘携带梵文经书三百多部回到长安。唐太宗李世民让梁国公房玄龄带领文武百官隆重迎接。652年，玄奘在长安城内慈恩寺的西院修建了五层塔，即慈恩寺塔，也就是今天的大雁塔，用以贮藏从天竺带回来的经像。在朝廷的支持下，玄奘先后在弘福寺、大慈恩寺、玉华宫翻译经文。他花了十多年时间将一千三百多卷经书译成汉文。这些佛经之后传往韩国和日本，对当地的佛教发展影响极大。

微阅读

　　玄奘（602—664），唐朝人，通称"三藏法师"，俗称"唐僧"，佛教学者、旅行家，佛教唯识宗创始人之一。俗姓陈，名祎，洛州缑氏（今河南偃师缑氏镇）人。十三岁出家，遍访名师，精通经论。二十多岁游学天竺各地，四十多岁才回到长安，翻译经书一千三百三十五卷，对中国佛教思想的发展影响极大。《西游记》中唐僧的原型就是玄奘。

吴道子 **画圣画水**

诗至于杜子美（杜甫），文至于韩退之（韩愈），书至于颜鲁公（颜真卿），画至于吴道子，而古今之变，天下之能事毕矣。（北宋·苏轼）

吴道子小的时候，家里很穷，父母又早早过世了，他只好背井离乡，出外谋生。

一天傍晚，吴道子来到河北定州城外的柏林寺。他走进寺门，见院内没人就朝大殿走去。他看见油灯下一位年迈的老和尚正在大殿的墙上聚精会神地画画。吴道子很好奇，轻轻走了进去，静静地站在老和尚身后看他画画。

过了好一会儿，老和尚才回过头来。他看见这个十来岁的小孩这么出神地看他画壁画，打心眼里欢喜，便问吴道子："孩子，你喜欢这幅画吗？"吴道子点了点头。老和尚

抚摸着他的头说："你要愿意学画，就做我的徒弟吧。"吴道子听后赶忙给老和尚磕头拜师。从此吴道子就在柏林寺住了下来，专心学画。

这天，老和尚把吴道子带到后殿，指着空白的墙壁说："我想在这空壁上画一幅《江海奔腾图》，画了很多次，但都不像真水实浪。明天起我带你去周游三年，回来再画它。"

次日一大早，吴道子收拾好行李就跟着老和尚出发了。不管走到哪里，老和尚都叫吴道子练习画水。一开始还好，可时间一长，吴道子觉得有些腻烦，画起水来就不怎么用功了。

老和尚看出了吴道子的不耐烦，就把他叫到身边说："要想把江河湖海奔腾的气势画出来，非下苦功不可，更要一滴水珠、一朵浪花地画。"

说罢，老和尚打开随身带的木箱，吴道子一瞅，怔住了：这满满一箱画稿，没一张是完整的，上面全是滴滴水珠、朵朵浪花或层层水波。这时，吴道子才知道自己错了。从此，他每天都早出晚归去写生，即使遇到下雨天或者大风天，他也打着伞到水边观察水波浪涛的变化。

光阴似箭，一晃三年过去了，师徒二人回到了柏林寺。可就在回寺的第二天，老和尚竟病倒了。

吴道子看见师父在病中都还挂念着要画《江海奔腾图》，就跪在师父的床前真诚地说："师父，我愿替您画那幅《江海奔腾图》。"老和尚见十五六岁的吴道子竟说出这样有志气的话，心中大喜，病也好了一半，当下就答应了。于是，吴道子便走进后殿画起《江海奔腾图》来。整整九个月，他几乎未出殿堂一步，所有的心思都在这幅画上。

深秋的一天，吴道子高兴地跑出后殿，跪在老和尚面前激动地

说："师父，我已把《江海奔腾图》画出来了，请您去观看。"老和尚听后，病竟然全好了。他沐浴更衣，领着全寺的和尚一同去后殿观赏。

当吴道子把后殿大门轻轻打开的时候，只见波涛汹涌，迎面扑来。一个和尚大声惊呼道："不好啦，天河开口了！"众和尚吓得你挤我撞，争着逃命。老和尚站在殿门口，看着扑面而来的浪花仰天大笑。笑罢，他冲着吴道子说："好哇，你画的这幅《江海奔腾图》成功啦！"从那以后，来柏林寺观赏、临摹《江海奔腾图》的人一年四季都络绎不绝。

微阅读

吴道子（生卒年不详），唐朝著名画家。河南阳翟（今河南禹州）人。擅长佛道人物，还擅长壁画创作，被后人尊称为"画圣"。

鉴真 六次东渡日本

鉴真盲目航东海，一片精诚照太清。舍己为人传道艺，唐风洋溢奈良城。（郭沫若）

鉴真十四岁时就在大云寺做沙弥，跟着高僧智满禅师学习佛法。709年，他又赴长安跟从弘景法师，受具足戒。在长安期间，鉴真勤学好问，广览群书，遍访高僧，不拘泥于门派之别。除了佛经，在建筑、绘画尤其是医学方面，鉴真也有了一定的造诣。715年，鉴真回到扬州大明寺继续修行。由于学识渊博，深通佛法，他成为当地的佛教领袖。受他传戒的人前后有四万余人，当时人们称誉他为"江淮之间，独为化主"。

732年，日本政府派青年和尚荣叡（ruì）、普照跟随遣唐大使到唐朝，代表日本聘请名僧赴日讲佛传戒。他们在长安学习了十年，这期间他们一直在物色合适的名僧，但是始终没有找到满意的人选。

742年10月，荣叡、普照准备回国。在回国途中，他们路过扬州的大明寺时，听人说鉴真和尚德高望重，学问高深，还曾给四万人传戒，就前去拜见鉴真。他们见到鉴真，向他介绍了日本佛界的一些情况，说明了来意，想请鉴真去日本弘扬佛法，整顿戒律。鉴真被荣叡、普照的真诚打动了，他不顾弟子们的反对，决定前往日本。

在当时，要东渡日本可不是件简单的事。由于东南沿海海盗猖獗，唐朝对渡海出国的限制是很严格的，鉴真东渡的事只能秘密进行。742年冬，经过多方努力，鉴真他们终于备足了粮食，打造好了船只，准备东渡。但是这时却有人诬告日本僧人和海盗勾结，预备了船粮准备攻打扬州。官府的人听说后大吃一惊，派人把荣叡一帮人抓了起来。虽然后来查明了真相，被抓的僧人都被放了出来，但官府以海上不安全为由，拒绝了鉴真等人去日本的要求，同时没收了鉴真的船只和粮食。鉴真的第一次东渡就这样失败了。

但是，鉴真到日本弘法的决心丝毫没有动摇，七年间，他先后四次东渡，可惜都以失败而告终。

748年，鉴真再次东渡。他率领僧人和工匠、水手等数十人，从崇福寺出发。由于天气恶劣，鉴真一行出长江后在舟山群岛一带停留了数月才出海东行。在大海上，鉴真的船只遭遇了强风，连续漂流了十六天才看见了陆地。上了岸，鉴真发现他们被风带到了振州（今海南三亚）。

鉴真在海南停留一年之后，只得先回扬州。在回扬州的路途中，荣叡和鉴真最得意的弟子祥彦相继因病去世，鉴真也由于水土不服和旅途劳累，双目失明。在遭受了一连串的沉重打击

后，鉴真不仅没有放弃去日本的决心，反而更加坚定了。

直到751年春，鉴真才回到扬州。他顾不得休息就赶紧着手筹备第六次东渡。753年10月15日，由藤原清河大使率领的日本政府的第十次遣唐使团从长安返回日本途中经过扬州时，专程去拜访鉴真。藤原清河邀请鉴真和自己一起回日本，鉴真当即表示愿意同行。10月19日，鉴真搭上遣唐使大船，经过一个多月的航行，终于到达了日本的秋妻屋浦（今日本九州南部）。

从鉴真答应荣叡和普照的邀请，到成功到达日本，经历了近十二年。这期间他遭受了五次失败，身边很多的人还为此献出了生命，他自己也双目失明。鉴真遭受的不仅仅是身体上的折磨，心灵上的痛苦更是一般人无法承受的，但是一切的困难都不能磨掉他强大的信念。

鉴真到日本后，建寺庙，讲佛法，为日本信众传戒，并把唐朝先进的医学知识传授给了日本人。763年，为传播佛法奋斗了一生的鉴真在他自己建造的唐招提寺里圆寂。

微阅读

鉴真（688—763），唐朝僧人，日本佛教律宗创始人，著名医学家。俗姓淳于，扬州江阳（今江苏扬州）人。742年，应日本僧人之邀东渡，几经挫折，且双目失明。753年，鉴真第六次东渡，终于成功。此后十年，一心在日本传经授法，并将中国的建筑、雕塑、医药学等介绍到日本。日本人民称鉴真为"天平之甍"，意为他的成就足以代表天平时代文化的屋脊（意为高峰）。

梁红玉

击鼓退金兵

青眼识英雄，寒素何嫌？忆当年北虏鸱（chī）张，枹（fú）鼓亲操，半壁河山延宋祚（zuò）；红颜摧大敌，须眉有愧！看此日东风浩荡，崇祠重整，千秋令誉仰淮壖（ruán）。（梁红玉祠联）

梁红玉祖籍池州（今属安徽），生于江苏淮安，祖父与父亲都是武将出身，梁红玉自幼随父兄练就了一身功夫。

宋徽宗宣和二年（1120），方腊起义，官军屡次征讨失败，梁红玉的祖父和父亲都因在平定方腊之乱中贻误战机，战败获罪。梁家由此中落。后来，朝廷以童贯统率大军镇压，方腊最后被一位小校所捉，这个小校就是韩世忠。而此人正是梁红玉后来的夫君。

1129年10月，金兵在完颜宗弼（即金兀术）率领下长驱直入，攻入江浙。宋高宗对付金兵的唯一办法就是逃跑。先从杭州逃到明州（今浙江宁波），再从明州逃到海上。幸亏金兵海军不行，才让高宗勉强保住了老命。这时金兵已经孤军深入五个多月，江南各地到处爆发汉人的反抗，完颜宗弼只得在大肆掳掠之后北返。

这时韩世忠正担任浙西制置使，听说金兵北撤，便率水军八千人急赴镇江截击。金兵号称十万，在兵力上大大超过韩世忠。另外，兵法有云"归师勿遏"，也就是说不要阻截归乡的军队，否则思乡心切的士兵往往会发挥出超常的战斗力。

金兵统帅完颜宗弼大概也觉得韩世忠是在以卵击石，于是下战书跟韩世忠约定开战日期。到了约定的日子，金兵开始北渡长江，韩世忠率军在江面上拦截，双方在江面上杀得天昏地暗，难分胜负。

　　双方商议择日再战。休战期间，梁红玉认真分析了附近水域黄天荡的地形，心生一计：她让丈夫韩世忠率领小部分宋兵以舰引诱金兵深入黄天荡，再命大队宋兵埋伏起来，并采取以鼓为命、以灯为引，用火箭焚烧敌船的作战计划，由自己坐镇统一指挥。

　　不几日，双方重新开战。不可一世的金兵果然中计，被韩世忠引入了黄天荡。梁红玉三通鼓响，埋伏的宋军万箭齐发，顿时火光冲天，金兵纷纷落水，弃船逃命，死伤无数。梁红玉又以灯为引，指挥宋军乘胜追击，把金兵打得落花流水。

梁红玉协助韩世忠大败金兵。完颜宗弼损兵折将，元气大伤，四十八日后才得以勉强渡江退去。

微阅读

梁红玉（生卒年不详），南宋女将。史书中不见其名，只称梁氏。建炎四年（1130），与丈夫韩世忠在黄天荡阻击金兵，击鼓助武，极大地鼓舞了士气。

郑和 七下西洋

国家欲富强，不能置海洋于不顾。财富取之于海，危险亦来自海上。（明·郑和）

一年冬天，年幼的郑和被明朝军队带到南京，成了小太监，不久进入朱棣的燕王府。

郑和因为才智过人、勤劳谨慎，很得燕王的赏识；又因为"身长九尺，腰大十围，行如虎步，声音洪亮"，在同辈中鹤立鸡群，朱棣便让他做了贴身侍卫。1399年，燕王朱棣发动靖难之变，郑和立下赫赫战功，从此被朱棣视为心腹。由于长期跟随在朱棣身边，郑和开阔了视野，增长了见识，总希望有机会建功立业。

登基做了皇帝的朱棣，为弘扬国威，打通海上运输，就命郑和出使西洋。踌躇满志的郑和从此便开始了七下西洋的辉煌壮举。

1405年7月11日，郑和率领由两百多艘海船、两万七千多名士兵和船员组成的远航船队，从苏州刘家港出发，顺风南下，到达爪哇岛上的麻喏巴歇国。

当他们到达爪哇岛时，那里正在内战。郑和船队的人上岸到集市上做生意，被占领军误认为是来援助敌方的，于是就将他们抓起来杀掉了。这次误杀事件让郑和损失了一百七十多人。郑和部下的军官纷纷请战，说将士的血不能白流，要为枉死的同伴们报仇。

麻喏巴歇国国王知道是自己的军队误杀了明朝的船员，就派使者向郑和谢罪，并表示愿意赔偿六万两黄金以赎罪。郑和身负皇家使命，遇事考虑得很深远。他想：一旦发生冲突，难免引发一场大的战争，明朝与西洋各国的往来就会困难重重；加之这是一场误会，国王又主动请罪受罚，应顺势化解冲突。于是禀明朝廷，化干戈为玉帛，和平处理了这一事件。同时还决定放弃对麻喏巴歇国的赔偿要求，两国从此和睦相处。

1433年，郑和在第七次下西洋的归国途中，积劳成疾，在古里国（今印度卡利卡特一带）去世。东南亚各国至今都还流传着关于郑和的故事。（一说1435年病逝于南京。）

从1405年至1433年，郑和凭借超凡的领导能力和巨大的勇气，先后率领庞大船队七下西洋，经东南亚、印度洋远航亚非地区，最远到达红海和非洲东海岸，航海足迹遍及亚、非三十多个国家和地区。

这七次航行的规模之大，人数之多，组织之严密，航海技术之

先进，航程之长，不仅显示了明朝国家的强大，也充分证明了郑和统率千军的才能，他在航海、外交、军事等诸多方面都表现出了卓越的智慧与才识。

微阅读

　　郑和（1371或1375—1433或1435），明朝航海家、外交家、武术家。回族，原名马三保。云南昆阳（今晋宁）人。在朱棣发动的靖难之变中有功，被任用为"内官监太监"，并赐姓"郑"。从1405年至1433年，郑和先后率领庞大船队七下西洋，最远曾到达非洲东岸和红海海口，创下中外航海史上的壮举。

李时珍

立志修医典

身如逆流船，心比铁石坚。望父全儿志，至死不怕难。
（明·李时珍）

李时珍的父亲李言闻，是蕲（qí）州一带的名医，不仅医术高明，还很有学识。李时珍在父亲的影响下也走上了从医的道路，他的医术深得父亲的真传，在很年轻的时候就成了一名很有名望的医生。

李时珍二十岁那年，蕲州发生了一场严重的水灾。滔滔洪水冲毁了江堤，蕲河两岸的千顷良田顿时化作一片汪洋。洪水一过，瘟疫就开始蔓延，病魔无情地吞噬着无辜的生命。李时珍目睹惨景，心如刀绞，和父兄一道，没日没夜地救护着病人，不知把多少濒临死亡的人从死神手中抢了回来。

这天，李时珍正在诊病，突然一帮人闹闹嚷嚷地拉着一个江湖郎中拥进诊所。为首的年轻人愤愤地叫道："李大夫，你给评评理！我爹吃了这家伙开的药，病没见好，反倒重了。我去找他算账，他硬说药方没错。我们信得过你，你给看看。"说着就把给父亲煎药的药罐递了过来，"喏，这就是药渣。"李时珍抓起药渣，一一仔细闻过，又放在嘴里嚼嚼，自言自语道："这是虎掌啊！"那江湖郎中一听"虎掌"，慌忙分辩说："我绝对没开过这味药！""那肯定是药铺弄错了！"年轻人说着，就要往药铺评理去。李时珍忙拉住他，说道："别去了，这是古医书上的

错误。以《日华本草》的记载来说，就把漏篮子和虎掌混为一谈了。""对，我开的是漏篮子！"江湖郎中急急地插了一句。"是啊，药铺有医书为据，打官司也没用。"众人慨叹了一阵，只得把江湖郎中给放了。

不久，又有一位医生给一名精神病人开药，用了一味叫防葵的药，病人服药后很快就死了。还有一个身体虚弱的人，吃了医生开的一味叫黄精的补药，也莫名其妙地送了性命。原来，几种古药书上都把防葵和狼毒、黄精和钩吻混为一谈了，而狼毒、钩吻毒性都很大，人吃了怎能不送命呢？

这一桩桩一件件药物误人的事，在李时珍心中激起巨大的波澜。毫无疑问，古医药书籍蕴含着丰富的知识和宝贵的经验，但也确实存在着一些漏误。若不及早订正，医药界以它们为凭，以讹传讹，轻者会耽误治病，重者会害人性命。

李时珍把自己想要修订医书的想法告诉了父亲，父亲听后对他说："想法不错，可是难啊，这需要大量的人力和财力，恐怕只有朝廷才有这么大的力量。何况，医书浩繁，你虽然读了一些，可研究得还很不够，还是先在读书上狠下一番功夫吧。"

于是在以后的十年中，李时珍读了很多医书以及历代名家关于花草树木的书籍。

1551年，李时珍受到朝廷征召，进入太医院就职。李时珍在太医院一共工作了六年，这期间他非常积极地从事药物研究工作，经常出入太医院的药房及御药库，认真仔细地比较、鉴别全国各地的药材，搜集了大量的资料，而皇家珍藏的丰富典籍也让李时珍大开眼界。经过长期的准备之后，李时珍开始了《本草纲目》的写作。

微阅读

李时珍（1518—1593），明朝医药学家。字东璧，号濒湖，蕲州（今湖北蕲春）人。历时二十七年写成《本草纲目》一书，总结了中国历代药物学知识和经验，纠正和澄清了许多前人的错误或含混的地方，为中医药学的发展做出了重大贡献。

徐霞客 伟大的冒险家

大丈夫当朝碧海而暮苍梧。（明·徐霞客）

徐霞客出身于江苏江阴一个有名的富庶之家。祖上都是读书人，称得上是书香门第。他的父亲一生不愿为官，也不愿同权势交往，只喜欢到处游览山水。徐霞客幼年受父亲影响，喜爱读历史、地理和探险、游记之类的书籍。这些书籍使他从小就热爱祖国的壮丽河山，立志要遍游名山大川。

徐霞客的母亲是个知书达礼的女性，在得知儿子的志向后，她非但没有责怪，还鼓励儿子说："虽然说'父母在，不远游'，但身为男子汉大丈夫，就应当志在四方。你怎么能因为你父亲和我，

就像困在篱笆里的小鸡、套在车辕上的小马，留在家园，无所作为呢？"徐霞客听了这番话，非常激动，更坚定了自己的志向。成年后，他人生的绝大部分时间都是在旅行考察中度过的。

徐霞客的足迹遍及十多个省。在面对困境和危险时，他从没有放弃。二十八岁那年，他来到温州的雁荡山。他想起古书上说的雁荡山顶有个大湖，就决定爬到山顶去看看。他艰难地爬到山顶，却并没有见到所谓的湖。这里山脊笔直，简直无处下脚。可是，徐霞客仍不肯罢休。他继续沿着小路来到一个悬崖边。他仔细观察悬崖，发现下面有个小小的平台，就用一条长长的布带子系在悬崖顶上的一块岩石上，然后抓住布带子悬空而下，到了小平台上才发现下面陡深百丈，无法下去。他只好抓住布带，脚蹬悬崖，吃力地往上爬，准备爬回崖顶。爬到一半时，"嗤啦"一声，带子突然断了，徐霞客机敏地

抓住了一块突出的岩石才没有掉下深渊。他把断了的带子结起来，又费力地向上攀缘，终于爬上了崖顶。

还有一次，徐霞客去黄山考察，途中遇到大雪。当地人告诉他山上积雪太深了，好多地方根本看不到登山的路，无法上去。徐霞客没有被吓退，他拄着一根铁杖探路，一路摸索前行。上到半山腰，山势越来越陡，路上结了坚冰，又湿又滑，脚踩上去就滑下来。于是徐霞客用铁杖在冰上凿坑，脚踩着坑一步一步地缓慢攀登。当他突然出现在山上一座寺庙前的时候，山上的僧人都不敢相信自己的眼睛：他们被大雪困在山上已经好几个月了，但徐霞客却一个人仅凭一根铁杖就登上了山。

徐霞客的游历，并不是单纯为了寻奇访胜，更重要的是为了探索大自然的奥秘，寻找大自然的规律。他白天游历考察，晚上便把自己考察的收获记录下来。他经过考察得出了很多地理学上的著名结论，他在山脉、水道、地质和地貌等方面的调查和研究都取得了超越前人的成就。他的记录不仅详尽真实，分析精辟，而且文笔优美，引人入胜，科学性和文学性都极高。徐霞客的冒险精神、探索精神也为后世旅行家所倍加推崇。

微阅读

徐霞客（1587—1641），明朝地理学家、旅行家、探险家。名弘祖，字振之，号霞客，江阴（今属江苏）人。一生遍游九州五岳，观察所得，按日记载。去世后由季梦良等整理成《徐霞客游记》。《徐霞客游记》文笔生动，记述精详，极富地理学价值、文学价值，被后人誉为"世间真文字、大文字、奇文字"。

曹雪芹 — 人生坎坷造就《红楼梦》

世事洞明皆学问，人情练达即文章。（清·曹雪芹）

曹雪芹出身于一个大官僚家庭。作为百年望族，曹家曾经深受康熙皇帝宠幸，显赫一时，因此曹雪芹从小过着锦衣玉食的少爷生活。只可惜康熙皇帝驾崩后，曹家就开始由昌盛急速走向衰败，曹雪芹的生活也随之发生天翻地覆的变化。

雍正初年，曹家因为受朝廷内部政治斗争的牵连，遭受到了一系列打击。曹雪芹的父亲被革职，家产全部被抄。曹家人被命迁居北京，年幼的曹雪芹也跟着家人来到了北京。虽然这时的曹家家产被没收，但作为一个大家族还没衰败到穷困潦倒的地步，曹雪芹还是能读书上学，不必为生计担忧。谁料皇权对曹家的打击还没有结

束，曹家卷入了一次更加严重的政治事件。康熙朝废太子胤礽（yìn réng）之子弘皙谋反，计划刺杀当时已经即位的乾隆。不久事情败露，弘皙被杀，跟弘皙有瓜葛的曹家被再次抄没。从此曹家一蹶不振，日渐衰微。

家族的变迁让曹雪芹的生活经历了重大的转折。他无力改变家族的命运，也无力对抗这个腐朽的封建社会，他只能感慨世态的无情。他怀着一腔悲愤，开始创作《红楼梦》。

曹雪芹的晚年生活更加穷苦。他带着全家，移居到了北京西郊的一个小山村里。这时他家几乎到了"满径蓬蒿""举家食粥"的地步，但是他没有放下《红楼梦》的创作。他"批阅十载，增删五次"，完成了经典名著《红楼梦》。

1763年，曹雪芹的幼子不幸夭折，巨大的打击让曹雪芹一病不起。这一年的除夕（1764年2月1日）前后，年近五十的曹雪芹于贫病交加中离开了人世。

微阅读

曹雪芹（约1715—1763或1764），清代小说家。名霑，字梦阮，号雪芹、芹圃、芹溪。曹雪芹经历了盛极而衰的家庭变故，饱尝了人生的辛酸，以坚韧不拔的毅力，历经十年创作出四大名著之一的《红楼梦》。《红楼梦》是中国古典小说中伟大的现实主义作品。

林则徐 **虎门销烟**

苟利国家生死与，岂因祸福避趋之。（清·林则徐）

林则徐出身在一个知识分子家庭。父亲林宾日是一位教书先生，母亲贤惠能干，家中兄妹众多，林则徐排行老二。

小的时候，家里经济困难，母亲和姐妹们常常做些手工活贴补家用。林则徐每天去私塾时，都要先将做好的手工活送到店铺寄卖，再去私塾上学。放学后，先到店铺收钱，回到家如数交给母亲。父母非常疼爱林则徐，姐妹们也很喜欢林则徐。为了帮助家里早日摆脱困境，林则徐发奋读书，盼望着早日考取功名。

十四岁，林则徐考中秀才。二十岁，考中举人。可惜家境越加困难，林则徐无法再安心读书了。他开始外出做事，当过教书先生和别人的幕僚。1806年，福建巡抚张师诚听说林则徐才识过人，便把他招入自己府中。张师诚多年来身居高位，颇有建树，被誉为"能臣"。林则徐在张师诚身边待了五年，学到很多为人处世的道理和做官的本事，为一生的事业打下了坚实的基础。

嘉庆十六年（1811），林则徐进京参加会试，高中进士，从此踏上为官之路。

19世纪二三十年代，清政府采取闭关锁国的政策，严重影响了以英国为代表的资本主义国家的发展，于是，英国人用鸦片撬开了中国国门，大肆掠夺中国的黄金白银。鸦片泛滥，不仅令清政府国库空虚，更为严重的是，全国上下，官兵百姓，十之八九吸食鸦片，民族危在旦夕。道光十八年（1838），道光皇帝召林则徐进京商谈禁烟事宜。鉴于林则徐之前在湖广一带已成功禁烟，道光皇帝任命林则徐为钦差大臣，负责全国禁烟。

1839年3月，林则徐抵达广州。他发布命令，限定所有烟商三日内交出全部鸦片。只有少数烟商服从，大部分烟商持观望态度，不为所动，林则徐便宣告："若鸦片一日未绝，本大臣一日不回，誓与此事相始终，断无中止之理。"他会同禁烟派两广总督邓廷桢封锁广州海岸，围困外商，迫使英国驻华商务监督义律降服，同意交出全部鸦片。

6月3日开始，林则徐亲自到虎门主持销烟。广东高级官员全部到场，不少外国人也来参观，当地民众更是围了个里三层外三层。

连续二十日，共销毁鸦片二百三十七万多斤。现场的外国观察员都心悦诚服，纷纷向林则徐脱帽致意。

林则徐主持的虎门销烟，充分展示了中华民族抗击外来侵略的决心和力量，唤起了爱国志士的觉醒，成为中国近代史上光辉的一页。史学界称林则徐为近代中国第一人臣。

微阅读

林则徐（1785—1850），清末政治家、诗人，是中华民族抵御外辱过程中伟大的民族英雄。字元抚，又字少穆，晚号俟村老人、俟村退叟、七十二峰退叟等，福建侯官（今福建福州）人。为禁烟派代表人物，在湖广总督任内，严厉禁烟，卓有成就。1839年，林则徐在广东虎门销烟，有力地打击了帝国主义的气焰。

齐白石 学画的木匠

作画妙在似与不似之间，太似为媚俗，不似为欺世。（齐白石）

齐白石，原名纯芝。他出身贫寒，从小就跟随叔祖父学习木匠活，后来改学雕花木工。没几年，便成了远近闻名的细作雕花木匠，人们都叫他"芝木匠"。

一次，齐白石到一个大户人家家里干活，在书房里无意间看到一部乾隆年间所刻五彩套印的《芥子园画谱》。这是一部学画画的入门书，大部分学画画的人都是从这本书入手的。齐白石对书中精美的画作非常痴迷，忍不住向雇主借这本书。雇主看齐白石一个木匠肯上进求学，就把书送给了他。齐白石拿到书之后非常珍惜，白天忙着干活，晚上就在灯下一幅一幅地勾影描摹上面的画。由于长时间描摹书上面的画，齐白石增强了自己的绘画功底，渐渐地也能够将绘画中的图案及手法运用到雕刻当中了。那时候，当地雕花的题材几乎是千篇一律，他却能突破常规，创造出许多新的花样。这样一来，"芝木匠"的名气便越传越远了。

齐白石二十七岁这一年，湘潭著名画家胡沁园看到齐白石的画后，起了爱才之心，收齐白石为学生，并让他在自己家里住下专心学习。胡沁园又介绍齐白石跟湘潭名士陈少蕃学读书、写诗。两位老师为齐白石取名"璜"，取字"濒生"，取号"白石"。

胡沁园教齐白石工笔花鸟草虫，把珍藏的古今名人字画悉数拿

出来让他观摩。陈少蕃给齐白石讲解《唐诗三百首》，教他读孔孟以及唐宋八大家的一些古文，还让他在闲时读《聊斋志异》一类的小说。

后来胡沁园又介绍齐白石向谭溥（号荔生）学习山水画，并鼓励他"一面读书学画，一面卖画养家"。在胡沁园的极力推荐和提携下，找齐白石画像的人越来越多，"芝木匠"终于可以扔掉木匠的工作，专做画匠了。

微阅读

齐白石（1864—1957），书画家、篆刻家，20世纪最有影响力的书画家之一。原名纯芝，字渭清，后更名璜，字濒生，号白石，别号借山吟馆主者、寄萍老人等，湖南湘潭人。早年曾为木工，后结交当地文人，学习绘画、诗文、篆刻、书法，以卖画、刻印为生。以花鸟画最为著名，山水、人物亦有独特风貌。平生深研书画、篆刻，数次改变画风，遂成一代大家。能诗文，有《白石诗草》《借山吟馆诗草》。

李四光 **六十岁获得新生**

我是炎黄子孙，理所当然地要把学到的知识全部奉献给我亲爱的祖国。（李四光）

李四光是我国著名的地质学家，凭着一颗炽热的爱国之心，为我国地质事业的发展做出了突出的贡献。

1948年，李四光从上海起程赴伦敦，参加第十八届国际地质学会，他的夫人许淑彬也一同前往。会后，他们在英国一面调养身体，一面观察国内外时局的发展。李四光数次给中央研究院地质研究所的许杰（地质学家、新中国成立后曾任地质部副部长，中国科学院院士）等人写信，支持他们坚守南京，反对搬迁广州，为新中国地质科学事业保留了一支队伍。

1949年4月初，以郭沫若为团长的中国代表团赴布拉格出席世界维护和平大会。出国前，郭沫若根据周恩来的指示给李四光带了一封信，请他早日回国。看了这封由郭沫若领头签名的信，李四光非常激动。新中国就要屹立于世界的东方，自己的本领可以施展，抱负可以实现了。他积极奔走起来，准备尽快返国。可是，由于第二次世界大战的影响，从英国到远东的客轮船票要提前一年预订，归期只得拖延。他一面调养身体，一面把科研方面遗留的事情办完。

李四光焦急地等待着起程的日期。一天，伦敦的一个朋友给李四光打来电话，告诉他国民党驻英大使馆接到密令，要李四光发表一个公开声明，否认中华人民共和国，并拒绝接受人民政协给他的全国委员的任命，否则就有被扣留的危险。

事情紧急，李四光当机立断，迅速前往普利茅斯港，准备从那里渡过英吉利海峡，先到法国。普利茅斯港海面宽阔且多风浪，是偏僻的货运港，一般人通常不会从这里渡海，因而能避开国民党特工人员的追踪。临行前，李四光给驻英大使写了一封信，让许淑彬两天后寄出。第二天，国民党驻英大使馆果然派人来找李四光，许淑彬机警地对来人说，李四光外出考察去了。

两天后，许淑彬寄出了李四光留下的信，信中写道：中华人民共和国是我多少年来日思夜想的理想国家。中央人民政府政务院是我竭诚拥护的政府。我能当选为中国人民政治协商会议全国委员会的委员，是莫大的光荣。我已经起程返国就职。……

两星期后，许淑彬收到李四光的来信，得知他已到了瑞士与德国交界的巴塞尔，便立即前去会合。不久，李四光终于回到了北京。这一年他六十岁，但是他觉得，新的生活才刚刚开始。回到新中国的李四光焕发了青春，虽年事已高，但仍奋战在科学研究和国家建设第一线，为我国的地质、石油勘探和建设事业做出了巨大的贡献。

微阅读

李四光（1889—1971），地质学家。湖北黄冈人。创立了地质力学，为大庆等中国东部油田的发现做出了重大的贡献。中央研究院院士、中国科学院院士。

徐悲鸿 艰苦学画

　　每个人的一生都应该给后代留下一些高尚有益的东西。（徐悲鸿）

　　徐悲鸿出身于江苏宜兴县的一个普通家庭，他的父亲是位半耕半读的村塾先生，也是一位乡间画师。徐悲鸿从小就喜欢看父亲画画，七岁时就想跟着父亲学画画，可是父亲认为他的年纪太小了，应该专心念书。徐悲鸿见父亲不肯教他，就自己偷偷学。一次，他在看书的时候看到卞庄子刺虎的故事，就跑去求人给他画了一只老虎，自己学着样子描画起来。父亲见儿子确实是对画画很感兴趣，就答应教他学画画。

　　父亲给徐悲鸿买回来了一本在当时很流行的《吴友如画本》，让他每天临摹一幅，并教他一些绘画的技巧。这样学了几年，徐悲鸿便开始跟着父亲走乡串户，为别人写对联、画肖像，以贴补家用。

　　十七岁时，徐悲鸿便辍学到一所中学里教图画，以此来赚钱养家。十九岁那年，父亲病逝，家庭的重担压到徐悲鸿的肩上。为了偿还父亲生前欠下的债务和供养弟弟、妹妹，徐悲鸿不得不同时在三所学校里任教。

　　艰难的生活并没有让徐悲鸿放弃对绘画的喜爱，他还想继续学习美术，于是他来到了上海。刚到上海没能找到合适的工作，他曾经把自己的画寄给报社、杂志社，希望能得到一点微薄的稿费，可是画却被退了回来。后来徐悲鸿终于找到了一份工作，为一家叫

"审美书馆"的出版社填染杂志封面。等拿到报酬时，他已经饿了好几天肚子。

1916年，徐悲鸿考进震旦学院，攻读法文。这时他的作品逐渐受到社会各界的注意，康有为和蔡元培等都给过他鼓励和帮助。1917年，二十二岁的徐悲鸿被聘为北京大学画法研究会的导师，他的名气在美术界慢慢传开了。不久，徐悲鸿得到北洋政府教育总长、大学者傅增湘先生的帮助，到法国公费留学。可是徐悲鸿刚出国不久，国内爆发内战，他的经济来源也就断绝了。

徐悲鸿没有放弃深造的机会，他自己赚钱维持学业，经常是干面包就白开水度日，并且每天都工作十个小时以上。虽然疲惫不堪，但是徐悲鸿还是很刻苦地学画，并以优异的成绩考入巴黎美术学校，开始正式接受西方美术的教育。四年之后，徐悲鸿的绘画水平已达到与欧洲同时期艺术家相媲美的程度了。

徐悲鸿一共在欧洲待了八年。他去过欧洲很多地方，每到一个地方他都要去拜访名师，观摩绘画大师的作品。在不断的学习中，徐悲鸿逐渐形成了自己的绘画风格和创作理念。

微阅读

徐悲鸿（1895—1953），中国现代美术事业的奠基者，杰出的画家和美术教育家。江苏宜兴人。少时刻苦学画，后留学法国。抗战期间，多次卖画来救济难民。坚持写实主义，创作了《田横五百士》《愚公移山》等一大批对中国美术影响巨大的作品，尤以画马驰誉中外。

钱学森

坎坷回国路

我的事业在中国，我的成就在中国，我的归宿在中国。（钱学森）

钱学森1911年12月出生于上海，1929年9月考入上海交通大学机械工程系，1934年6月考取清华大学的公费留学生，次年9月赴美国进入麻省理工学院航空系学习，1936年9月转入美国加州理工学院航空系，师从世界著名空气动力学教授冯·卡门。先后获航空工程硕士学位和航空、数学博士学位。钱学森在二十八岁的时候就成为世界知名的空气动力学家。

尽管在美国有着优厚的工作和生活待遇，钱学森却始终关心着祖国的发展。1949年当中华人民共和国宣告成立的消息传到美国后，钱学森和夫人蒋英按捺不住内心的喜悦，商量着早日赶回祖国，为自己的国家效力。此时的美国，以麦卡锡为首的参议院对共产党人实行全面追查，钱学森因被怀疑为共产党人和拒绝揭发朋友，突然被美国军事部门吊销了参加机密研究的证书。这使他非常气愤，钱学森决定迅速回国。

1950年春，钱学森和妻子蒋英买好机票，决定返回祖国。可美国当局突然通知钱学森不得离开美国，理由是他的行李中携带有同美国国防有关的"绝密"文件。在无端的迫害下，钱学森只得把飞机票退了，一家人被迫回到加州理工学院。联邦调查局派人监视他家每个人的行动。美国海军部次长还恶狠狠地说："他知道所有美国导弹工程的核心机密，一个钱学森抵得上五个海军陆战师，我宁可把这个家伙枪毙了，也不能放他回红色中国去！"

从此，美国对钱学森的政治迫害接踵而至。半个月后，几名警务人员突然闯进钱学森的家。他们说钱学森是共产党，非法逮捕了他，并把他送往特米那岛，关押在这个岛上的拘留所里。在特米那岛上被拘留十四天后，美国当局收到加州理工学院送去的保释金后才释放了钱学森。但是他仍旧不能回国，并且经常要听候传讯。回到家里后，钱学森的生活也不能平静，美国联邦调查局的特务时不时闯入他家搜查、捣乱、威胁、恫吓，他们的信件受到严密的检查，连电话也遭到了窃听。

在极度的恐慌中钱学森一家人度过了五年软禁生活。五年间，为了躲避美国特务的监视与捣乱，他们共搬了五次家。但是这一切的磨难并没有消磨掉钱学森归国的决心，家里随时都准备着三只轻便的小箱子，以便可以立即搭飞机动身回国。他也没有放弃任何一个可以向祖国发出求救信息的机会。

一次，经过周密计划之后，钱学森摆脱特务的监视，将一张小香烟纸夹带进了寄给远在比利时的蒋英妹妹的信中。妹妹收到信就立即转给了时任全国人大常委会副委员长的陈叔通，陈叔通又将钱学森的求救信交给了周恩来总理。

当时为了解救被扣押在美国的中国人，中美两国正在日内瓦举行会谈，中方希望美国能停止扣留中国留学人员，这其中就包括钱学森。但是美国以中国拿不出钱学森自己想要回国的证据，拒绝了中国的要求。周总理拿到钱学森的求助信后，如获至宝，当即做出周密部署，叫外交部火速把信转交给中美会谈的中方代表王炳南。谈判中王炳南亮出了钱学森的求助信，理直气壮地揭穿了美国政府的谎言。

美国政府不得不批准了钱学森回国的要求。1955年9月17日，钱学森带着妻子蒋英和两个孩子终于登上了"克利夫兰总统号"轮船，踏上了返回祖国的旅途。

1955年10月，钱学森一家到达广州。面对祖国人民的热情迎接，钱学森感慨万千地说："我一直相信，我一定能够回到祖国。今天，我终于回来了！"

微阅读

钱学森（1911—2009），科学家，中国航天事业的奠基人。浙江省杭州市人。荣获"两弹一星"功勋奖章，被誉为"中国航天之父""中国导弹之父"。

谁是最耀眼的那颗星

浩瀚夜空，繁星点点；
邈远银河，星光灿烂。
谁像流星一样滑落，
谁又像恒星闪烁？

仓颉 造字圣人

千古大文三尺土，两间灵气一孤亭。（仓颉墓启秘亭对联）

相传仓颉是黄帝时期造字的史官，被尊为"造字圣人"。

最初，黄帝派仓颉负责统计牲口的数目、食物的多少。仓颉一开始凭记忆记数字，可慢慢地，牲口、食物越来越多，又随时有增减变化，光凭脑袋记不住了。仓颉犯难了。

仓颉整日整夜地想办法，先是在绳子上打结，用各种不同颜色的绳子表示不同的种类。时间一久就不奏效了，这增加的数目在绳子上打结很方便，而减少数目时解结就麻烦了。仓颉又想到了先系绳圈，再在圈上挂各式各样的贝壳，东西增加了就添贝壳，减少了就去掉贝壳。这法子顶管用，一连用了好几年。

黄帝见仓颉很能干，叫他管的事情便越来越多，年年祭祀的次数、回回狩猎的分配、部落人丁的增减也统统叫仓颉管。仓颉又犯难了。

这一天，仓颉参加集体狩猎。走到一个三岔路口时，几个人为往哪条路走争辩起来。一个坚持要往东，说有羚羊；一个要往北，说前面不远可以追到鹿群；一个偏要往西，说有两只老虎，不及时打死，就会错过了机会。仓颉一问，原来他们都是通过地上野兽的脚印才认定的。仓颉心中猛然一喜：既然某种脚印代表某种野兽，我为什么不能用符号来表示我所管的东西呢？于是他开始创造各种符号来表示事物，把事情管理得井井有条。

　　黄帝知道后，大加赞赏，命令仓颉到各个部落去传授这种方法。渐渐地，这些符号的用法推广开来，就形成了文字。

　　仓颉造了字，黄帝十分器重他，人人都称赞他，名声越来越大，他的头脑就有点发热了，造字也马虎起来。怎么叫仓颉认识到自己的错误呢？黄帝召来了身边最年长的老人商量。这老人长长的胡子上打了一百二十多个结，表示他已是一百二十多岁的人了。老人沉吟了一会，独自去找仓颉。

　　仓颉正在教各个部落的人识字，老人默默地坐在最后，和别人一样认真地听着。仓颉讲完，别人都散去了，唯独这老人不走，还坐在老地方。仓颉有点好奇，上前问他为什么不走。老人说："仓颉啊，你造的字已经家喻户晓，可我人老眼花，有几个字至今还糊涂着呢，你肯不肯再教教我？"

　　仓颉看这么
大年纪的老人都
这样尊重自己，
很高兴，便催他
快说。老人说：
"你造的'马'
字，'驴'字，
'骡'字，都有
四条腿吧？而牛
也有四条腿，你
造出来的'牛'
字怎么没有四条
腿，只剩下一条
尾巴呢？"

仓颉一听，心里有点慌了：自己原先造"鱼（魚）"字时，是写成"牛"样的，造"牛"字时，是写成"鱼（魚）"样的。都怪自己粗心大意，竟然教颠倒了。

老人接着又说："你造的'重'字，是说有千里之远，应该念出远门的'出'字，而你却教人念成重量的'重'字。反过来，两座山合在一起的'出'字，本该为重量的'重'字，你倒教成了出远门的'出'字。这几个字真叫我难以琢磨，只好来请教你了。"

听到这里，仓颉已羞得无地自容，深知自己因为骄傲而铸成了大错。这些字已经教给了各个部落，传遍了天下，改都改不了了。他连忙跪下，痛哭流涕地表示忏悔。

老人拉着仓颉的手，诚恳地说："仓颉啊，你创造了字，使我们老一代的经验能记录下来，传下去，你做了件大好事，世世代代的人都会记住你的，但你可不能骄傲自大啊！"

从此以后，仓颉每造一个字，总要将字义反复推敲，还去征求人们的意见，一点也不敢粗心。大家都说好时，才定下来，然后逐渐传到每个部落去。

微阅读

仓颉（生卒年不详），也作苍颉，据传为黄帝史官，汉字的创造者。传说他仰观天象，俯察万物，首创"鸟迹书"（象形文字）。

周公 摄政当国 功成身退

月明星稀，乌鹊南飞。绕树三匝，何枝可依？山不厌高，海不厌深。周公吐哺，天下归心。（三国·曹操）

周公旦是周文王的第四个儿子，周武王的弟弟。前1027年，武王在商郊牧野集众誓师伐纣，誓词就是周公旦作的《牧誓》。

周朝成功消灭商纣后的第二年，武王积劳成疾，身染重病。武王在临终前打算把王位传给有德有才的周公旦，但是周公旦涕泣不止，不肯接受。武王死后，太子诵即位，就是周成王。

成王即位时，只不过是个十来岁的孩子，于是周公旦摄政当国。

周公摄政后，他的兄弟管叔和蔡叔不服，扬言周公图谋不轨，并借机与殷纣王的儿子武庚联合叛乱。周公领兵东征，平定了叛乱。

后来，周公将王室宗亲、开国贤臣分封到各地，建立藩国，以此作为天子的屏障。周公还营建东都洛邑（今济南洛阳），将政治中心东移，更有利于统治已经壮大的周朝。

为了治理天下，周公又制礼作乐，建立典章制度。这套礼乐制度奠定了周朝稳定发展的根基。

可以说，周公对周朝的贡献远远超过了他的父亲文王和哥哥武王，在他的统治下，周朝日趋稳定和强大。但是周公并没有居功自傲，在他制礼作乐第二年，也就是摄政的第七年，把王位和统治权

彻底交给了成王。

周公在国家危难的时候，不避艰辛挺身而出，担当起治理国家的重任；当国家转危为安，顺利发展变得日益强大的时候，他毅然让出了王位。这种无畏无私的精神，历来被后代称颂。周公制礼作乐，建立典章制度，更称得上是中国历史上推动华夏文明进程的伟大人物。

微阅读

周公（生卒年不详），西周人，他是商周之际的大政治家、思想家、教育家，被尊为"元圣"。姓姬，名旦，亦称叔旦。因采邑在周（今陕西岐山北），称为周公。他辅助周武王推翻了商朝，建立了周朝。武王死后，辅佐年幼的成王，摄政当国。他营建东都，制礼作乐，还政成王。他为周王朝的建立及巩固立下了不可磨灭的功劳。

鲁班 从兵器专家到木匠祖师

仁人之所以为事者，必兴天下之利，除去天下之害，以此为事者也。（战国·墨子）

前450年前后，楚国国君楚惠王准备与邻国宋国作战。他从鲁国请来鲁班帮助楚国制造兵器。因为当时战争频繁，很多都城的城墙都修得又高又坚固，很难攻克，鲁班就发明了攻城工具"云梯"。他还为楚国的水军发明了"钩"和"拒"，当敌军处于劣势时，"钩"能把敌军的船钩住，不让它逃跑；当敌军处于优势时，"拒"能抵挡住敌军的船只，不让它追击。楚军有了钩、拒后，武力大增。

当时墨家的创始人墨子也来到了楚国。墨子反对战争，主张兼爱、非攻，于是他劝说楚惠王放弃用武力攻打宋国，要用仁爱使天下信服。楚惠王在墨子的劝说下犹豫了。墨子同时还主张创造为人民服务的生产工具，反对鲁班发明的作战器械。刚开始鲁班并不接受

墨子的理论，并对墨子很不满。

一天，鲁班对墨子说："我发明了舟战用的钩和拒，你的'义'也有钩和拒吗？"墨子回答："我是用爱来钩，用恭来拒。你用钩钩人，人家也会钩你；你用拒拒人，人家会拒你。你说'义'的钩拒，难道不比'舟'的钩拒强吗？"

一天，鲁班又拿出他发明的木鹊向墨子炫耀，这只木鹊可以连续飞三天而不落地。墨子看后却说："这木鹊还不如一个普通工匠轻易做出来的车辖，车辖装在车轴上，车子就可以运输五十担重的东西，而你的鹊有何实际作用呢？木匠做的东西，有利于人的称为巧，无利于人的只能叫作拙。"鲁班听完无言以对。

为了使楚惠王等信服，墨子设计了一场模拟战，在交战中他成功地抵制了鲁班发明的作战器械，并且连续九次反击了鲁班。终于，楚惠王放弃了攻打宋国的念头，鲁班也被墨子所折服，接受了墨子的理论。

后来，鲁班一心为民所想，发明了许多实用工具。在《事物绀珠》《物原》《古史考》等书中记载的木工所使用的很多工具都是他发明的，比如比较常见的曲尺（也叫矩或鲁班尺）、墨斗、刨子、钻子以及凿子等。鲁班也因此被尊为木匠的"祖师"，受到人们的尊敬和纪念。

微阅读

鲁班（生卒年不详），春秋时鲁国人。相传姓公输，名般，亦作班、盘，又称公输子、班输。鲁班是出色的发明家，相传曾发明多种木作工具，创造了攻城的云梯，被后世土木工匠们尊称为"祖师"。

扁鹊 **望而知之的神医**

至今天下言脉者，由扁鹊也。（西汉·司马迁）

扁鹊是春秋战国时期的名医，由于他医术高超，人们就用上古神话中的神医"扁鹊"来称呼他。

扁鹊的医术到底有多精深呢？有一次，扁鹊路过虢（guó）国，见到那里的百姓都在进行祈福消灾的仪式，就问是谁病了。宫中术士说，太子死了已有半日。扁鹊问明了详细情况，认为太子患的只是一种突然昏倒不省人事的尸厥症，鼻息微弱，像死去一样，便前去察看诊治。他让弟子磨研针石，刺百会穴，又做了药力能入体五分的熨药，不久太子竟然醒了过来。扁鹊给他继续调补阴阳，两天以后，太子便完全恢复了健康。从此，天下人传言扁鹊能"起死回生"，但扁鹊却否认说，他并不能救活死人，只不过能把应当活的人的病治愈罢了。

还有一次，扁鹊来到了蔡国。蔡桓公知道扁鹊声望很大，便盛情宴请他。扁鹊见到桓公以后说："君王有病，就在肌

肤之间，不治会加重的。"桓公听后不相信，还感到很不高兴。十天后，扁鹊再去见他，说道："大王的病已到了血脉，不治会加深的。"桓公仍然不相信，而且更加不高兴了。又过了十天，扁鹊再见到桓公时说："病已到肠胃，不治会更重。"这次，桓公非常生气，他并不喜欢别人说他有病。十天又过去了，可是这次，扁鹊一见到桓公就赶快避开了。桓公十分纳闷，就派人去问，扁鹊说："病在肌肤之间的时候，可以用熨药治愈；在血脉的时候，可以用针刺、砭石的方法达到治疗效果；在肠胃的时候，借助酒的力量也能达到；可病到了骨髓的时候，就没有办法治疗了。现在大王的病已在骨髓，我已经无能为力了。"果然，五天后，桓公浑身疼痛，他忙派人去找扁鹊，但扁鹊已经走了。不久，桓公病情恶化，不治而亡。

在中医的诊断方法里，望诊在四诊当中居于首位，十分重要，也十分深奥，能达到一望即知的水平更是非同寻常。扁鹊的望诊技术出神入化，真是"望而知之谓之神"的神医了。

微阅读

扁鹊（生卒年不详），战国时期的名医、医学家。姓秦，名越人，渤海郡郑（今河北任丘北）人；一说为今山东济南市长清人。由于他医术高超，人们就借用了上古时期的神医"扁鹊"的名号来称呼他。扁鹊奠定了中医学切脉诊断方法的基础，开启了中医学的先河。相传有名的中医典籍《难经》为扁鹊所著。

王充 破除迷信

人之不学，犹谷未成粟，米未成饭也。（东汉·王充）

王充从小就很聪明，学习又很用功。他六岁开始识字读书，八岁被送入本乡书塾。二十岁时，王充到洛阳的太学里去求学。但他从不满足，闲暇时间几乎都用在了读书上。由于家里穷，没有书可读，王充常在洛阳的市集上游走，看人家卖的书，看过一次后就能背诵。因此，他对各家各派的学说著作都很熟悉。

王充读书十分认真，记忆力又强，一部新书读过一遍就能把主要内容记下来。就这样，他的知识越来越丰富。因为王充对朝廷的腐败看不惯，所以早早便辞官回家，专注于读书写书。为了写《论衡》，他搜集的资料装满了几间屋子。他闭门谢客，拒绝应酬，用了三十余年的时间才写成《论衡》这部著作。《论衡》的主要内容是宣传科学和无神论，对流传于世的"不实诚"的伪书俗文进行了批驳。

比如，雷电击死了一个人，宣传迷信的人会说，他做了亏心事，天上的雷公把他打死了，这就是"恶有恶报"。王充在现场观察到死人的头发被烧焦了，身上也有被烧焦的臭味。他的解释是：打雷时有闪电，闪电是火，因此雷实际上是天火，被雷公打死的人是被天火烧死的。天上并没有雷公，也不是"恶有恶报"。

王充的解释虽然不完全符合今天的科学道理，可是在当时却是很了不起的。王充和他的《论衡》以智慧之光烛照着更多的思想者不断前行。

微阅读

王充（27—约97），东汉唯物主义哲学家。字仲任，会稽上虞（今属浙江）人。一生致力于反对宗教神秘主义和目的论，发展了古代唯物主义。著有《论衡》一书。

蔡伦

天下咸称"蔡侯纸"

凡专一业之人，必有心得，亦必有疑义。（清·曾国藩）

蔡伦出身于普通农民家庭，但他聪明伶俐，很讨人喜欢。75年，皇帝下令，各郡县挑选幼童入宫，十来岁的蔡伦进入皇宫做了太监。因为蔡伦很机灵，又识字，所以入宫后不久就做了小黄门（宦官中的小官），后来又历任黄门侍郎、中常侍等职。

97年，蔡伦兼任尚方令，主管宫内御用器物和宫廷御用手工作坊，经常和工匠们接触。每当空闲的时候，他就到作坊进行技术调查，学习和总结工匠们多年积累的丰富经验，提出了很多改进措施，使当时的金属冶炼、铸造、锻造技术及机械制造工艺达到了前所未有的水平。

当时，蔡伦看到皇上每日批阅大量简牍帛书，劳神费力（竹简和木简太笨重，丝帛太贵，丝绵纸不可能大量生产，一般的人家也用不起），于是，他就时时想着在前人的基础上改进造纸方法，制造一种更简便廉价的书写材料，让天下的文书都变得轻便，易于使用。

有一天，蔡伦带着几名小太监出城游玩，来到了离城不远的陈河谷。只见溪水清澈，两岸树茂草丰、鸟语花香，景色十分宜人。正当大家陶醉在美景中时，蔡伦忽然看见溪水中积聚了一簇枯枝，上面挂浮着一层薄薄的白色絮状物。蔡伦不由眼睛一亮，蹲下身去，用树枝挑起细看。只见这东西扯扯挂挂，犹如丝绵。

蔡伦想到在工场里制作丝绵时，茧丝漂洗完后，总有一些残絮遗留在篾席上。篾席晾干后，上面就附着一层由残絮交织成的薄片，揭下来，写字十分方便。他想溪中这东西和那残絮十分相似，也不知是什么东西。

蔡伦立即命小太监找来农夫询问。农夫说："这是涨水时冲下来的树皮、烂麻，扭一块儿了，又冲又泡，又沤又晒，就成了这烂絮！"

"这是什么树皮？"蔡伦急切地问。

"就是河岸上的构树呗（学名楮树）！"农夫指着一片树林说。

蔡伦顺着农夫手指的方向望过去，脸上不禁漾起笑意。

几天后，蔡伦率领几名皇室作坊中的技工来到这里，利用丰富的水源和树木开始了实验。他们将树皮剥下，再捣碎、泡烂，加入沤制过的麻缕，制成稀浆，摊在竹篾上晾干，揭下，便造出了最初的纸。但一试用，发现造出来的纸容易破烂。于是蔡伦又将破布、烂渔网捣碎，将制丝时遗留的残絮掺进浆中，再制成的纸便不容易扯破了。为了加快制纸进度，蔡伦又指挥大家盖起了烘房，湿纸上墙烘干，不仅干得快，且纸张平整。用这种方法造出来的纸，体轻质薄，很适合写字。

蔡伦挑选出规正的纸张，进献给皇帝。皇帝试用后龙颜大悦，当天就驾临陈河谷造纸作坊，查看了造纸过程，回宫后重赏蔡伦，并诏告天下，推广造纸技术。这样，蔡伦的造纸方法很快传遍各地，由他监制的纸被称为"蔡侯纸"。

微阅读

蔡伦（约62—121），东汉人，我国四大发明中造纸术的发明者。字敬仲，桂阳（今湖南郴州境内）人。发明用树皮、麻头、破布、旧渔网等为原料造纸，所造纸张有"蔡侯纸"之称。

张衡

最勤学的科学巨人

人生在勤，不索何获？（东汉·张衡）

张衡出身于河南南阳的名门望族，他的祖父张堪学识渊博、品德高尚，小时候因为志高力行，被人称为"圣童"。张堪为官清廉，两袖清风，他死后留下的资财不多。有这样一位堪称表率的祖父，张衡从小就立志高远、勤奋好学。

据说张衡十岁时，学业上"能五经贯六艺"，加上他天资聪颖，能过目成诵，所以很早就闻名乡里。张衡十七岁时，有一个地方官见他很有学问，就想推荐他做孝廉，这就意味着他可以步入仕途了。但是张衡拒绝了地方官的推荐，他收拾行囊，辞别父母，只身到外地访师求学。

张衡先到

了当时的学术文化中心三辅（今陕西西安一带）。这一地区壮丽的山河和宏伟的秦汉古都遗址给他提供了丰富的文学创作素材。之后张衡又到了首都洛阳，并在那里居住了五六年。在洛阳，他经常到当时的最高学府太学里去拜访名家经师，虚心求教，这为他今后的科学研究奠定了良好的基础。这一时期，张衡结识了很多有学问的朋友，特别是当时很有名气的崔瑗。崔瑗精通天文、数学、历法，在书法上也很有造诣，张衡常常和他讨论，交换心得。后来张衡从文学转向科学研究，很大程度上就是受到了崔瑗的影响。

100年，张衡应南阳太守鲍德的邀请，做了他的主簿，掌管文书工作。八年后鲍德调任京师，想让张衡一起赴任，但是张衡觉得自己的学问还不够深，不能救世济民，就辞官回家，继续学习。张衡回到家中专心治学，他将研究的重点从经学、文学转向了哲学、天文、历算。

张衡博览群书、汇通古今的名声远播京师。111年，他被破格录用，授为尚书郎中，次年升为太史令。太史令是主管天象学、历数学和传习学问的官职。张衡担任太史令达十四年之久，他的许多重大科学研究就是在这一阶段完成的。他系统观测天体运行，创作了古代天文学著作《灵宪》等书。也是在这一时期，他创制了浑天仪和举世闻名的地动仪。

东汉时期经常发生地震，发生一次大地震就影响到好几十个郡，城墙、房屋发生倒塌，还死伤许多人畜。当时的封建统治者和一般百姓都把地震看作是不吉利的征兆，有些动机不纯的人还趁机宣传迷信、欺骗百姓。张衡看到这样的情况后，决心发明一种能预报地震的仪器来破除迷信，减轻百姓的困苦。于是每次发生地震，张衡就会详细记录地震发生前后的各种现象。经过长达六年的不断试验和刻苦钻研，张衡终于在132年成功发明了世界上第一台观测地震的仪器——地动仪。

张衡一生都在不断地努力学习，在文学和科学的很多方面都取得了极高的成就。他不仅是我国科学史上的巨人，在全世界的科学史上也享有崇高的地位。郭沫若曾经评价他说："如此全面发展之人物，在世界史中亦所罕见，万祀千龄，令人景仰。"

微阅读

张衡（78—139），东汉科学家、文学家。字平子，河南南阳西鄂（今南阳石桥镇）人。张衡为我国天文学、机械技术、地震学的发展做出了不可磨灭的贡献。为了纪念他的功绩，人们将月球背面的一个环形山命名为"张衡环形山"，将1802号小行星命名为"张衡星"。

张仲景 襄阳拜神医

进则救世，退则救民；不能为良相，亦当为良医。（东汉·张仲景）

张仲景出身于一个没落的官僚家庭，他的父亲张宗汉曾在朝为官，喜好读书，所以他从小就接触了许多典籍。张仲景从史书上看到扁鹊望诊蔡桓公的故事后，对扁鹊产生了敬佩之情，下决心也要成为像扁鹊那样的神医，去帮助百姓解脱疾苦。

立志做医生的张仲景特别喜欢读医书，十岁时，拜同郡的名医张伯祖为师学习医术。名士何颙（yóng）赏识他的才智和特长，曾经对他说："君用思精而韵不高，后将为良医。"后来，张仲景果然在很年轻的时候就成了名医。

一年，张仲景的弟弟要去外地做生意，临行的时候他对张仲景说："哥哥，我这次要出远门，你给我看看，日后有没有大症候？"

张仲景给弟弟抚了抚脉，说："明年只怕你要长个瘩背疮！"

弟弟惊讶道："哎呀！常听你说，疮怕有名，病怕无名。长个瘩背疮，我眼看不见，手摸不着，怎么治呀？"

张仲景说："不要怕！我给你开个药单，到时候服了这服药，把疮挪到屁股的软肉上就好了。日后谁认出是瘩背疮，就叫谁医治。谁治好了，要给我来个信。"

弟弟拿上药单，安心地走了。一年后，到了襄阳。一天，他突然觉得脊背上疼痛，忙照哥哥开的药单取了药吃了。没过几天，疮真的从屁股上发了出来。他求遍了襄阳的郎中，这个说是疖子，那个说是毒疮，都没有认出是瘩背疮的。后来，同济药堂名医"王神仙"看后笑了笑，说道："这原是个瘩背疮嘛！是谁把它挪到屁股上的？"

张仲景的弟弟回答："是我哥哥挪的。"

王神仙说："他既然能挪，就一定能治！"

张仲景的弟弟说："他远在南阳，远水救不了近火，还望先生劳神治治吧！"

于是王神仙就开了药方。张仲景的弟弟吃了药，又贴了几张膏药，不多久，疮就好了，他随即给哥哥写了封信。张仲景接到书信，十分高兴，立即准备盘费，打点好行装，奔襄阳而来。

一天清早，张仲景来到襄阳同济药堂的大门前，他向管事的央求说："我从河南来，生活没有着落，请贵店收留我当伙计吧！"

王神仙闻声从药店走出来。他见这个年轻人干净利落，就说："好吧！我这里缺人，就收你当个炮制药材的伙计吧！"

从此，张仲景就在同济药堂住下来了。他聪明好学，药理纯熟，不但熟悉各种中草药的性能，而且炮制药材干得又快又好。没几天，王神仙看张仲景有些医学基础，就让他做自己的帮手。王神仙抚脉看病，他抄药单，王神仙遇着疑难病症，抚了脉再叫张仲景摸摸。张仲景把这些医理深深地记在心上，写在本子上，就这样度过了一年。

后来，张仲景在阅读和研究了大量医书和古籍的基础上，广泛借鉴其他医家的治疗方法，结合个人临床诊断经验，开始着手撰写《伤寒杂病论》。经过十余年的努力，张仲景终于完成了这部不朽之作。这是继《黄帝内经》之后，中国医学史上又一部有重大影响的光辉典籍。

微阅读

张仲景（生卒年不详），东汉末年名医、医学家。名机，南阳郡（治今河南南阳）人，做过长沙太守，所以有"张长沙"之称。张仲景广泛收集医方，写出了传世巨著《伤寒杂病论》。在中医临床和方剂学方面，张仲景都做出了巨大贡献，被人们尊为"医圣"。

王羲之

天鹅饺子

右军（指王羲之）《兰亭序》，章法为古今第一。（明·董其昌）

王羲之从小喜好书法，五六岁的时候就拜当时很有名的书法家卫夫人为师，开始学习书法。十二岁时，他偷偷读了父亲珍藏的书法秘籍《笔说》。他按照《笔说》中所讲的方法，天天起早摸黑练习写字，简直都入了迷。

一天，卫夫人看了王羲之写的字后吃了一惊，对人说："这孩子一定是看到书法秘诀了，我发现他近来的字已达到成年人的水平。照这样发展下去，这孩子将来在书法方面的成就一定会超过我的。"从此王羲之声名大振，便不免有些骄傲。

一天，王羲之路过一个小巷，见一家饭店顾客盈门，热闹非常，尤其是店门上那副对联格外惹人注目。上联是：模样俊，无人不爱；下联是：味道美，有口皆碑。横批：天鹅饺子。对联虽然有趣，但是字却写得毫无生气，一看就知道是不懂书法的人写的。

王羲之看后心中暗想：这缺少功夫的字儿，也只配在这陋巷小店的门口献丑罢了。但他又一琢磨：看这对联的意思，倒不妨进去看看。

王羲之走进店内，见店内有四口大铁锅，并排设在一道屏风前方。包好的饺子好似一只只白色飞鸟，一个接一个地飞过屏风，不偏不倚，落在滚沸的锅内。饺子店内的伙计则忙前忙后地招呼着食客，每个伙计管一口锅，各自报着数："一号锅半斤，好，再来一斤。""二号锅斤半。""三号锅七两。"

王羲之好奇地坐下，要了半斤饺子。饺子不一会儿端上了桌。他仔细观看，这里的饺子果然与众不同，一个个玲珑精巧，好像浮水嬉戏的白天鹅，真是巧夺天工。他用筷子夹起一个饺子，轻轻咬了一口，顿时鲜香盈盈，味美绝伦，不知不觉间把那一盘饺子全吞到了肚里。饱餐之后，回味深长。

王羲之不由自言自语："这天鹅饺子，果然名不虚传。"心中暗想：只是门口那副对联，拙笔劣迹，实难和这饺子相配。我王羲之何不乘此机会，为饭店另写一副对联，也好不辜负这样的美味。

想到此，他便问伙计："请问店主人在哪里？"

店伙计用手指了指屏风说："就在屏风后。"

王羲之绕过屏风，见一白发老太太坐在案板前，一个人一边擀面皮，一边包饺子，动作十分娴熟。更令他惊奇的是，饺子包好之后，老太太随手将饺子向屏风外边甩去，饺子便一个接一个落在锅内，分毫不差。

王羲之忙走上前施礼问道："老人家，像您这样的功夫，多长时间才能练成？"

老太太答道："不瞒你说，熟练需四十年，深练需一生。"

王羲之又问："您的手艺这样高超，为什么不请人写一副好一点的对联贴在门口呢？那才和这天鹅饺子般配呀！"

老太太一听，抱怨说："唉，不好请，不好请啊！就拿那个刚刚有点名气的王羲之来说吧，都让人捧上天了！说句实话，他写字所下的那点功夫真不如我扔饺子的功夫深呢。"

老太太的一席话说得王羲之面红过耳，羞愧难当。他恭恭敬敬地给老太太写了一副对联就转身离开了。

从这以后，王羲之更加勤奋地练习写字，再不敢有丝毫懈怠。

微阅读

王羲之（303—361，一作307—365，又作321—379），东晋书法家，有"书圣"之誉。字逸少，号澹斋，琅邪临沂（今属山东）人。他的儿子王献之书法也很出众，世人将他们父子合称为"二王"。代表作品有：楷书《黄庭经》《乐毅论》，草书《十七帖》，行书《快雪时晴帖》《兰亭序》（又名《兰亭集序》）等。其中，《兰亭序》被历代书法家所敬仰，被誉作"天下第一行书"。

 祖冲之

搜炼古今成一家

古之立大事者，不惟有超世之才，亦必有坚忍不拔之志。（北宋·苏轼）

祖冲之是我国历史上著名的科学家，他将圆周率值推算到小数点后七位，创造了世界之最。祖冲之为什么能取得这么大的成就呢？

祖冲之的祖父祖昌，曾担任大匠卿，负责主持建筑工程，同时，他的祖上历代对于天文历法都很有研究，因此祖冲之从小就有接触科学技术的机会。更幸运的是，祖冲之对自然科学和文学、哲学都有广泛的兴趣，特别是对天文、数学和机械制造有强烈的爱好。

早在青年时期，祖冲之就有了博学多才的名声，并且被政府派到当时的一个学术研究机构——华林学省做研究工作。后来他又出任过地方官。

在这一段时期，虽然生活很不安定，但祖冲之仍然继续坚持学术研究，并且取得了很大的成就。他研究学术的态度非常严谨。他十分重视古人研究的成果，但又决不迷信古人，用他自己的话来说，就是决不"虚推（盲目崇拜）古人"，而要"搜炼古今（从大量的古今著作中吸取精华）"。一方面，他对于古代科学家刘歆、张衡、阚泽、刘徽、刘洪等人的著述都做了深入的研究，充分吸取其中一切有用的东西；另一方面，他又敢于大胆怀疑前人在科学研

究方面的结论，并通过实际观察和研究，加以修正补充，从而取得许多极有价值的科学成果。

经过不懈的努力，祖冲之编制出了《大明历》，这是当时最精密的历法。在数学方面，他推算出小数点后七位的圆周率值，取得了当时世界上这一领域最优秀的成绩。后来，他又花了较大的精力来研究机械制造，改造指南车，发明千里船、水碓磨等等。

祖冲之做学问不迷信古人，不畏惧守旧势力，不怕斗争，不避艰难，取得了杰出的成就，在世界科学发展史上享有崇高地位。

微阅读

祖冲之（429—500），南北朝宋、齐科学家。字文远，范阳道县（今河北涞水县）人。其主要贡献在数学、天文历法和机械三方面。推算出圆周率的值相当于在3.1415926与3.1415927之间，并提出其密率$\frac{355}{113}$，成果领先世界约一千年。著有《缀术》《九章术义》。

贾思勰

智慧从实践中来

人生在勤，勤则不匮。（北魏·贾思勰）

贾思勰出身于一个世代务农的家庭。因为祖上就很喜欢读书，所以家境虽然不富裕，他家里却拥有不少藏书。贾思勰从小就爱读书，又会做不少农活，积累了不少经验，这也让他养成了特别关注农业的习惯。

贾思勰为官期间，到过山东、河北、河南等许多地方。每到一处，他都非常重视农业生产。他曾经亲自从事农业生产实践，进行各种实验。

一次，贾思勰养了两百头羊。由于缺乏饲养经验，事先不知道一头羊该准备多少饲料，在不到一年的时间里，就饿死了一大半的羊。贾思勰并不气馁，他又买来一群羊，并且种了二十亩大豆。这次饲料倒是不缺，可是羊还是死了许多。

贾思勰百思而不得其解。

后来他听人说，有位老人是个养羊的高手，就赶紧去向老人求教。老羊倌留他在家住了好几天，让他仔细观看自己的羊圈，并且将羊的选种、饲料的选择和配备、羊圈的清洁卫生及管理方法细细讲述给他听。

贾思勰明白了自己第二次养羊失败的原因了。老羊倌说："你的悟性真高。对，羊是很爱干净的动物，饲料弄脏了羊一般是不吃的。你把饲料乱扔在羊圈里，让羊在上面踩来踩去，你不做好羊圈的卫生，就是准备再多的饲料也是白搭啊！不过，只要你用心掌握了技巧，一定会成功的。"贾思勰告别老人回到家后，按照老羊倌的指点又养了一群羊，这次他养的羊不仅膘肥体壮，成活率也很高。

贾思勰通过不断探索和实践，掌握了大量的第一手资料，并将学到的宝贵经验和自己在实践中摸索出的规律都仔细地记录下来。同时他还研究和总结了前人关于农民生活和农业生产方面的大量资料。经过分析和整理，贾思勰写成了我国第一部农业科学技术巨著《齐民要术》。《齐民要术》为保留我国古代农业生产的宝贵经验，推动我国古代农业生产的发展做出了重大贡献。

微阅读

贾思勰（生卒年不详），南北朝北魏农学家。益都（今属山东寿光市）人，曾经做过高阳郡（今属河北高阳）太守。著有《齐民要术》一书。该书是我国最早的从理论上系统研究农业的百科全书，在我国和世界农业科学发展史上都具有极高的价值。

袁天罡

神机妙算

尺有所短,寸有所长。物有所不足,智有所不明。(战国·屈原)

在唐太宗贞观年间,袁天罡(gāng)以相术预测名扬天下。

传说,袁天罡有一天见到了武则天的母亲杨氏。上下一打量,袁天罡拱手说道:"夫人法生贵子!"武则天的母亲便把两个儿子武元庆、武元爽领出让袁天罡相面。袁天罡看后沉默不语。杨氏又唤出武则天的姐姐(后封韩国夫人)让袁天罡相面。袁天罡略一沉吟,便道:"此女贵而不利夫!"最后由保姆抱出穿着男孩衣裳打扮的武则天,袁天罡一见襁褓中的武则天,大为震惊,说道:"龙

瞳凤颈，极贵验也！"但又遗憾地说，"可惜是个男孩儿，若为女孩儿，当做天子！"

袁天罡经常和自己的弟子李淳风外出游玩。一次，眼见天色向晚，二人便找了一家小店住下。刚吃完饭，他们就听见老板娘在院子里说："天要下雨呀，谁还有东西放外面的，赶紧拾掇拾掇。"两人掐指一算，没雨呀，这时大雨从天而降。两人大吃一惊，急忙问老板娘："大娘，您真是高人哪！我们怎么就没有算出来呢？"老板娘说："嗨，我可不是什么高人。算天气，我就靠自己的两脚后跟。左脚后跟一痒，就要刮风；右脚后跟一发痒，就要下雨。"两人说："脚后跟这么准吗？"老板娘说："准得很呢！袁天罡、

李淳风也抵不上老娘的脚后跟！"听了这话，两人面面相觑，哑口无言。第二天一早，收拾行囊，各自回家。据说二人闭门谢客，苦学三年后才重出江湖。

微阅读

袁天罡（生卒年不详），唐代天文学家、星象学家。益州（今四川成都）人。著有《五行相书》《推背图》等。在民间，人们认为袁天罡是天罡星中智慧之星下凡。

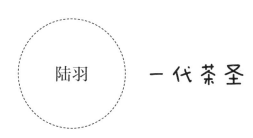

陆羽 — 一代茶圣

不美黄金罍（léi），不美白玉杯；不美朝入省，不美暮登台；千美万美西江水，曾向竟陵城下来。（唐·陆羽）

据《新唐书》记载，陆羽因为相貌丑陋被父母遗弃，竟陵龙盖寺的住持智积禅师在当地西湖边见到了这个可怜的小弃儿，于是就将他抱回收养，并给他取名为陆羽。

陆羽虽处佛门净土，却不愿削发为僧，他向往着更自由更有趣的生活。住持一心想将陆羽留在寺中，就用繁重的杂务来磨炼他的心志。陆羽被派去打扫寺院和厕所，挖泥筑墙，还要放养一百二十头牛。

虽然寺院管教得很严，但陆羽一直没有放弃想要下山求学的念头。十二岁时，他终于趁人不备逃离了龙盖寺，独自谋生。最初他匿身于杂耍戏班里，充当丑角。他时不时替戏班编剧本写串词，还撰写笑话书《谑谈》三卷，名气也因此大了起来。

　　一次，竟陵太守李齐物看到了陆羽出众的表演，十分欣赏他的才华，当即赠以诗书，并修书推荐他到大隐士邹夫子那里学习。几年后，陆羽十九岁，学成下山，回到竟陵城外的西湖畔。这时，他对茶已有一定的研究。

　　不久，朝廷礼部郎中崔国辅被贬到竟陵做官。崔国辅也是爱茶之人，他和陆羽相识后，成为莫逆之交。两人常一起出游，品茶鉴水，谈诗论文。从那时起，陆羽已决心写《茶经》，让后人都知道种茶、焙茶的技术以及饮茶、品茶的益处和乐趣。他的抱负和决心得到崔国辅的赞许和支持。崔公将自己心爱的白驴赠送给陆羽，并亲自送他出西江之滨，二十岁出头的陆羽从此开始了对茶的考察游历。他一路风尘，饿了就吃干粮，渴了就喝茶水。每到一处，都与当地的老人讨论茶事，并详细记入《茶记》，还将各种茶叶制成标

本，随身携带。

758年，陆羽来到江苏栖霞寺，闭门钻研茶事。不久，陆羽从栖霞山来到浙江苕溪，隐居在山间，专心著述《茶经》。写书之余，他时常披着头巾，穿着芒鞋，独自行走在山野中，时而用手杖击打草木，时而用手抚弄流水，每次天黑才兴尽而归。

《茶经》面世后，陆羽名扬海内。不久皇帝慕名召见他，有意留他在京城为官，但他坚辞不受，仍然周游各地，推广茶艺，最终成为一代茶圣。

微阅读

陆羽（733—约804），唐朝学者。字鸿渐，自称桑苧翁，又号东冈子，复州竟陵（今湖北天门）人。一生嗜茶，精于茶道，被誉为"茶仙"，尊为"茶圣"，祀为"茶神"。撰写《茶经》三卷。该书是中国第一部关于茶的专著。

毕昇 发明活字印刷术

求业之精，别无他法，曰专而已矣。（清·曾国藩）

毕昇最初是印刷铺的工人，专门从事手工印刷。他不像一般的工人那样只知埋头干活，而是特别肯钻研。几年下来，毕昇已精通雕版技术，熟知印刷书籍的每一道工序，对雕版印刷的一些缺点也深有体会。毕昇在实践过程中总是希望能改进雕版印刷术，发明更加方便的印刷方式。

有一天，毕昇工作完回到家中，看见两个儿子正在玩过家家。他见儿子用泥做了锅、碗、桌、椅、猪、人等，并随心所欲地排来排去，忽然眼前一亮："刻出单字印模，不就可以随意排列，排成文章吗？"

　　刚开始毕昇用木料来雕刻活字，但是由于木料纹理疏密不匀，刻制困难，而且木活字沾水后变形，和药剂粘在一起也不容易分开，所以这个方法不行。毕昇又找来胶泥做实验，这次实验成功了。

　　毕昇把胶泥做成一个个规格一致的毛坯，在一面刻上反体单字，笔画凸起的高度和铜钱边缘的厚度一样，然后用火将胶泥块烧硬，成为单个的胶泥活字。排版的时候，用一块带框的铁板做底托，上面敷一层用松脂、蜡和纸灰混合制成的药剂，然后把需要的胶泥活字拣出来一个个排进框内。排满一框就成为一版。将排好的印版放到火上烘烤，等药剂稍微熔化，用一块平板把字面压平，药剂冷却凝固后，就成为版型。印刷的时候，只要在版型上刷上墨，覆上纸，加一定的压力就行了。

　　为了可以连续印刷，就用两块铁板，一版印刷，另一版排字，两版交替使用。印完以后，用火把药剂烤化，用手轻轻一抖，活字就可以从铁板上脱落下来，放回原来的木格里，以备下次再用。

　　为了适应排版的需要，一般常用字都备有几个甚至几十个，以

备同一版内重复的时候使用。遇到不常用的冷僻字，如果事前没有准备，可以随制随用。为便于拣字，把胶泥活字按韵分类放在木格子里，贴上纸条标明。

毕昇发明的活字印刷术大大提高了印刷的效率，曾经需要花费好几年才能印完的书用活字印刷只需要短短数月的时间。毕昇毫无保留地把自己的发明介绍给了别人，使活字印刷在全国传播开来。后来还通过各种渠道传播到世界各地，促进了世界文化的交流和发展。

微阅读

毕昇（？—约1051），宋代发明家。发明了胶泥活字印刷术，被认为是世界上最早的活字印刷技术。

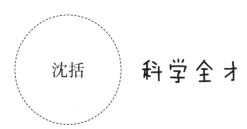

沈括　科学全才

沉（繁体为"沈"）酣于东海西湖南州北国之游梦里溪山尤壮丽；括囊乎天象地质人文物理之学笔端谈论自纵横。（梦溪园对联）

沈括出身于北宋的一个官宦家庭。沈括的父亲当过福建泉州、河南开封、江苏南京、四川成都的知府，他也就随父亲走过全国许多地方，可谓见多识广。他读的虽然也是四书五经，但他有与众不同之处，就是每到一地，都很关注当地与自然科学相关的新鲜事。

沈括自幼对天文、地理等有着浓厚的兴趣，勤学好问，刻苦钻研。四月的一天，沈括在书房里背诵白居易的《大林寺桃花》，当背到"人间四月芳菲尽，山寺桃花始盛开"这两句时，沈括的眉头拧成了一个结。看着自家庭院里的桃花已被风吹落了一地，他想不明白：为什么我们这里花都开败了，而山上的桃花却刚刚开放呢？

为了解开这个谜团，沈括约了几个小伙伴上山实地考察一番。他们来到山上，果然满山的桃花正在怒放，这可把小沈括难住了：同样是桃花，为什么这里的却开得这么晚呢？突然，一阵凉风袭来，大家连呼"好冷！好冷！"，沈括顿时恍然大悟，拍着自己的脑门大声说："我明白了！原来是山上地势高，温度低，所以花开得晚，这是由气候条件决定的！"小沈括回到家后，立即把这一重大发现记录下来。从此，沈括对气象产生了浓厚的兴趣，开始阅

读有关气象方面的书籍，注意观察气象的变化，立志要做一名气象学家。

1054年，沈括步入官场。在做了几年地方官后，他被推荐到京师昭文馆编校书籍，在这里他开始研究天文历算。后来又任提举司天监，职掌观测天象，推算历书，以及史馆检讨、集贤院校理等职，得以遍览皇家藏书，充实了自己的学识。

王安石变法期间，沈括积极参与变法，受到王安石的信任和器重，担任过管理全国财政的最高长官三司使等许多重要官职。王安石变法失败后，沈括也因此受到牵连被贬官。此后沈括在官场上几经沉浮。尽管沈括在仕途上有些不顺，但是他走遍了中国的大部分地区，了解了各地的地理概貌、风土人情等。

沈括晚年退出政坛，移居到润州（今江苏镇江市东面），修筑"梦溪园"，开始安心著书。沈括在梦溪园认真总结自己一生的经历和见闻，写出了闻名中外的科学巨著《梦溪笔谈》。《梦溪笔谈》内容极为丰富，谈及天文、历法、数学、物理、化学、生物、地理、地质、医学、文学、史学、音乐、艺术等各个方面，共六百零九条，其中自然科学部分总结了我国古代特别是北宋时期的科学成就。

沈括不愧是一个科学全才，是我国历史上伟大的科学家，他的《梦溪笔谈》是中国科学史上的坐标。

微阅读

沈括（1031—1095），北宋科学家、政治家。字存中，杭州钱塘（今浙江杭州）人。沈括博学多闻，精通天文、地理、律历、音乐、农学和医学等，他还是卓越的工程师、出色的外交家。晚年以平生见闻，在镇江梦溪园撰写了百科全书《梦溪笔谈》。为了纪念沈括的功绩，人们将2027号小行星命名为"沈括小行星"。

郭守敬　**巧制莲花漏**

无一事而不学，无一时而不学，无一处而不学，成功之路也。
（南宋·朱熹）

当一个人的贡献惠及国家和广大百姓时，人们会以各种各样的方式赞美他；当一个人的贡献功在千秋时，人们更会以感恩的心怀念他。郭守敬正是这样一位人物。这位伟大的人物是怎样成长起来的呢？

郭守敬是在他祖父的教育下成长起来的。郭守敬的祖父名叫郭荣，是金元之际一位颇有名望的学者。他精通五经，熟知天文、算学，擅长水利技术。祖父一面教郭守敬读书，一面也领着他去观察自然现象，体验实际生活。郭守敬自小就喜欢自己动手制作各种器具。有人说他是"生来就有奇特的秉性，从小不贪玩耍"。

郭守敬在十五六岁的时候就显露出了科学才能。

有一次，他得到了一幅莲花漏图样。他对图样做了细致的研究，居然摸清了制作方法。

莲花漏是一种计时器，是北宋科学家燕肃在古代漏壶的基础上改进创制的，由好几个部分组成，制作原理很复杂。仅仅依据一幅图就想掌握莲花漏的制造方法和原理，对一般成年学者来说也不是一件容易的事情，年仅十几岁的郭守敬居然把它弄得一清二楚，这就足以证明郭守敬确是一个善于钻研、肯下功夫的少年。

1262年，郭守敬向元世祖忽必烈陈述了六项治水建议，忽必烈大为惊叹。随即，郭守敬被委以重任，开始了他经天纬地的事业。

微阅读

郭守敬（1231—1316），元代天文学家、数学家、水利专家。字若思，顺德邢台（今属河北）人。1276年，郭守敬修订新历法，历时四年制订出《授时历》。该历法是当时世界上最先进的一种历法，通行了三百多年。1981年，为纪念郭守敬诞辰七百五十周年，国际天文学会以他的名字为月球上的一座环形山命名。

三次入狱的狂人

章太炎

人须有自信之能力，当从自己良心上认定是非，不可以众人之是非为从违。（章太炎）

在中国近代史上，章太炎是革命先驱，也是国学泰斗。他张扬国粹，却坚决反对一切束缚，主张个性的绝对自由。他一生曾经三次入狱，但每次面对灾难他都能坚持自己的信念，从不改变。

章太炎第一次入狱是因为1903年的"苏报案"。章太炎应蔡元培的邀请到上海推进教育会活动，并主持《苏报》。为驳斥康有为的保皇论，章太炎在《苏报》上发表了《驳康有为论革命书》，并为邹容的《革命军》一书作序。在文章中，他直呼光绪皇帝的名字，还骂道"载湉小丑，不辨菽麦"。虽然这番言论发表在上海的租界内，但还是引起了清廷的震怒。租界工部局（警察局）到报社抓人，别的人都闻风躲了起来，只有章太炎不肯躲避。他还器宇轩昂地大声对抓捕他的人说道："余人俱不在，要拿章炳麟，就是我！"这一次他被关押了整整三年。

第二次入狱是因为1908年的"民报案"。1906年章太炎出狱后被孙中山邀请到日本，加入了同盟会，主编《民报》。在章太炎的主持下，《民报》成为揭露帝国主义、封建主义，抨击改良主义和无政府主义的阵地。这引起了清政府的恐慌和仇视。清政府派人与日本政府交涉，日本政府于1908年10月查封了《民报》，将章太炎传入警署。11月26日，东京地方法院裁判厅开庭审讯此案，章太炎据理辩驳,无懈可击,裁判长张口结舌、理屈词穷。但是,东京地方法院还是对章太炎做出罚金一百五十元或服役一百五十天的判决。在鲁迅、许寿裳等人代交罚金后,章太炎才获释。

第三次入狱是指章太炎被袁世凯禁锢在北京的三年。1913年3月,袁世凯指使人在上海刺杀了国民党领导人宋教仁。章太炎知道后怒不可遏,先在上海发表反袁文章,后又只身赴北京当面讨伐袁世凯。章太炎到北京后,摇着挂有用勋章做成扇坠的折扇,径直闯入总统府,以表示对袁世凯的反对和蔑视。袁世凯知道章太炎的为人,怕他再给自己制造麻烦,就先将他囚禁在共和党本部,然后又把他囚禁在龙泉寺,最后软禁在钱粮胡同。1916年3月,袁世凯忧惧而死,章太炎才重获自由。

章太炎的英雄本色,古往今来也没有几个人能比,他的气魄使人敬佩。鲁迅曾经评论他说:"考其生平,以大勋章作扇坠,临总统府之门，大诟袁世凯包藏祸心者，并世无第二人；七被追捕，三入牢狱，而革命之志，终不屈挠者，举世亦无第二人：这才是先哲的精神，后生的楷范。"

微阅读

章太炎（1869—1936），民主革命家、思想家、学者。名炳麟，字枚叔，初名学乘，后改名绛，号太炎，浙江余杭人。章太炎是同盟会和辛亥革命的重要领袖之一，晚年赞助过抗日救亡运动。他首先是一个革命者，其次才是一个大学问家。他一生研究范围很广，在文学、历史学、语言学等方面都有建树。

邓稼先　两弹元勋

我不爱武器，我爱和平，但为了和平，我们需要武器。假如生命终结后可以再生，那么，我仍选择中国，选择核事业。（邓稼先）

邓稼先出身于安徽怀宁县一个书香门第，祖辈中有清代著名书法家和篆刻家邓石如，父亲邓以蛰是著名的美学家和美术史家，还曾担任清华大学、北京大学哲学教授。在家庭浓厚的文化氛围熏陶下，邓稼先从小就聪明好学。

1947年，邓稼先通过了赴美读研究生的考试，第二年秋天，进入美国印第安纳州普渡大学研究生院攻读物理。他学习成绩突出，不到两年的时间便修满学分，并通过了博士论文答辩。此时他只有二十六岁，人们都开玩笑地称他为"娃娃博士"。

1950年8月，在美国获得博士学位后的第九天，邓稼先谢绝了恩师和同校好友的挽留，毅然放弃在美国优越的生活和工作条件，回到了一穷二白的祖国。回国后，有人问他带了什么回来，他说："带了几双眼下中国还不能生产的尼龙袜子送给父亲，还带了一脑袋关于原子核的知识。"此后的八年间，他进行了中国原子核理论的研究，为我国核理论研究做了开拓性的工作。

1958年秋，二机部副部长钱三强找到邓稼先，说国家要放一个"大炮仗"，征询他是否愿意参加这项必须严格保密的工作。邓稼先义无反顾地同意了。他回家对妻子说自己要调到外地工作，不能再照顾家和孩子，通信也困难。从此，邓稼先的名字便在刊物和对外联络中消失了，他的身影只出现在警卫严格的大漠戈壁。

1959年6月，苏联政府终止了原有协议，中共中央下决心自己动手研究出原子弹和人造卫星。邓稼先担任原子弹的理论设计负责人后，带头攻关。

1964年10月，经过所有科研人员的努力，中国第一颗原子弹成功爆炸了。紧接着，邓稼先又投入到对氢弹的研究中，仅用了两年

多的时间，就成功研制出了氢弹。中国研制成功两弹所用的时间是当时全世界最短的，这使整个世界都为之震惊。

邓稼先长期担任核试验的领导工作，他对工作极端负责任，在最关键、最危险的时候他总是出现在第一线。

一次，航投试验时出现降落伞事故，原子弹坠地被摔裂。邓稼先深知危险性，却还是一个人抢上前去把摔破的原子弹碎片拿到手里仔细检验。后来，邓稼先回北京时，妻子知道他"抱"了摔裂的原子弹后，强拉他去医院检查，结果发现在他的小便中带有放射性物质，肝脏破损，骨髓里也侵入了放射性物质。邓稼先并没有因此对工作有丝毫怠慢，他坚持回到了核试验基地。

1985年，身体每况愈下的邓稼先不得不离开西北戈壁回到北京，这时他被确诊患上了癌症，并且已经是晚期，无法挽救了。他躺在病床上，平静地说："我知道这一天会来的，但没想到它来得这样快。"

1986年7月29日，邓稼先因癌症不幸逝世，享年六十二岁。他在临终时仍不忘我国的核事业，说："不要让人家把我们落得太远……"

微阅读

邓稼先（1924—1986），物理学家。安徽怀宁县人。中国核武器理论研究工作的开拓者与奠基人之一。被誉为中国的"两弹元勋"。

袁隆平　杂交水稻之父

依靠科学技术进步就能养活中国。（袁隆平）

1953年8月，袁隆平从西南农学院（现西南大学）农学系毕业，被分配到偏远落后的湘西雪峰山麓安江农校教书。在安江农校，袁隆平开始进行水稻研究。

1960年，中国遭遇了严重的自然灾害。粮食短缺让全国大部分的群众吃不上饭，人民的身体状况普遍下降，饥饿和病痛夺取了很多人的生命。袁隆平目睹了严酷的现实，他知道在人多地少的中国，只有提高粮食产量，才能让人们真正吃饱饭，于是他加紧了对水稻的研究。

这一年，袁隆平在水稻试验田里发现了一株与众不同的水稻植株。第二年春天，他把这株水稻的种子播到了试验田里，结果证明这株水稻就是地地道道的"天然杂交稻"。袁隆平从这株水稻身上看到了人工培育杂交水稻的希望，他认为只要探索出其中的规律，就一定可以培育出高产量的杂交稻。于是，袁隆平立刻把自己的研究重心转到了培育人工杂交水稻这一崭新课题上来。

可是，培育杂交水稻是世界难题。在研究之初，袁隆平就遇到了一个难题：因为水稻是雌雄同花的植物，自花授粉，人们很难把一朵一朵雄花去掉。这样就需要培育出一个雄花不育的稻株，然后才能与其他品种杂交。这个难题一直阻碍着人们对杂交稻的研究，袁隆平知难而进，他坚定地说："外国没有搞成功的，中国人不一定就不能成功。"他认为，中国有众多野生稻和栽培稻品种，在广大的稻田和山坡上一定存在着自然突变的雄性不育株。

于是袁隆平带着同事到稻田里和野外去寻找那从来没有见过，也从来没有被任何资料记录过的水稻雄性不育株。在1964和1965年这两年水稻开花的季节里，袁隆平每天都在稻田里认真地查看每一株稻苗。功夫不负有心人，他们终于发现了六株天然雄性不育的植株。从此袁隆平开始了长达六年的培育人工雄性不育株的实验。他和助手们先后用一千多个品种做了三千多个杂交组合，仍然没有培育出不育株率和不育度都达到百分之百的不育系来。难道杂交水稻的研究就此搁浅了吗？袁隆平没有放弃，他总结了六年来的经验教训，并根据自己观察到的不育现象，提出了利用"远缘的野生稻与栽培稻杂交"的新设想。他的坚持再一次

为研究带来了转机。

在新设想的指导下，1970年，袁隆平带领助手在海南岛的普通野生稻群落中发现了一株雄花败育株，并用其他品种与它测交。实验的结果让袁隆平欣喜若狂，他们终于找到了培育水稻不育系的突破口，为研制杂交水稻带来了新的希望。

1973年10月，袁隆平发表了题为《利用野败选育三系的进展》的论文，正式宣告我国籼型杂交水稻研究成功。随着杂交稻的大面积种植，袁隆平在国内外名声大震。但是袁隆平并没停下来享受属于他的掌声和荣誉，他继续组织人手进行研究，完善和改进已经培育出来的杂交水稻。

20世纪80年代初期，面对世界的饥荒问题，袁隆平再一次提出了他大胆的设想，他要研究出杂交水稻超高产育种，以此来解决全世界人民的粮食问题。袁隆平不再只是中国的"神农"，他给全世界的人民都带来了福音。

2011年9月，袁隆平的超高产水稻梦终于实现——百亩超级杂交稻试验创下了亩产近千公斤的世界纪录。

微阅读

袁隆平（1930—　），杂交水稻育种专家、中国工程院院士。江西省德安县人。被誉为"杂交水稻之父"。

转弯遇见海阔天空

似乎是前路茫茫，
不期然柳暗花明。
一扇门关闭了，一定有一扇窗为你开启。

范蠡 从相国到财神爷

得时无怠，时不再来；天予不取，反为之灾。（春秋·范蠡）

周敬王二十六年（前494）吴国和越国在夫椒大战，越国战败。越王勾践带领五千残兵卒逃入会稽山。正当勾践穷途末路之际，范蠡投奔了他。范蠡向勾践说出"越必兴、吴必败"的断言，并劝勾践到吴国去侍奉吴王夫差，等待转机。在被拜为上大夫后，范蠡陪同勾践夫妇到吴国为奴三年。在此后二十余年，范蠡尽心辅佐勾践，制订灭吴计划，最终成就了越王的霸业，被尊为上将军。

就在勾践灭吴后不久，范蠡对勾践说："我听说主忧臣劳、主辱臣死。当年大王受辱于会稽，我之所以没死，只是为了今日。现在是该我为会稽之辱死的时候了。"勾践说："我准备把越国分一部分给你来酬答你的功劳；你如果不服从，我就杀了你。"

范蠡太了解勾践了，他知道勾践可以共患难却不能共富贵，是该急流勇退的时候了。他暗自叹息道："我从计然那里学到的本领，已经让越国富强了，我再用于我自己的家吧。"于是在一个深夜，范蠡携带金银细软，带领家属和门徒，驾一叶扁舟离开了越国。

范蠡带领家眷辗转来到齐国，他想到了和他一起辅佐勾践灭吴的好友文种，于是他给文种写了一封信，劝他离开越国："飞鸟尽，良弓藏；狡兔死，走狗烹。越王为人，长颈鸟喙，可与共患

难，不可与共富贵，你为何还不离去？"文种不信。不久勾践听信谗言，赐剑命文种自杀，文种含恨离世。

范蠡来到齐国，改名换姓，自称鸱夷子皮，在海边建造房屋，置办田地，开始了新的生活。范蠡安顿下来后，务农经商，事必躬亲，在短短几年时间里就积累了数千万的家产。

尽管范蠡很低调，但他还是引起了齐国人的注意。齐王把他请进国都临淄，拜为相国主持政务。范蠡常常感叹："做官达到公卿、将相，治理家业能达到千金，这些都是老百姓能做到的极限了。长久地被人推崇，终究不是什么好事啊！"

于是在齐国做了三年相国后，范蠡再次急流勇退。他向齐王归还了相印，把家里所有的钱财都分给亲友和乡邻，只带了些值钱的珠宝，带着家人悄悄离开了齐都。

这一次范蠡来到了陶（今山东定陶西北）。范蠡认为陶居于天下的中心，交通便利，此地西、北有三晋（赵、魏、韩），东有齐国，南有越、吴、楚，正是经商的绝佳之所。于是范蠡在陶定居下来，自号陶朱公，操计然之术以治产，种田地、养牲畜、做生意，没过多久就又积累了万千家产。因为范蠡仗义疏财，乐善好施，当地的百姓就尊称他为财神爷。

微阅读

范蠡（生卒年不详），春秋末期越国大夫，著名的政治家、军事家和实业家。字少伯，楚国宛（今河南南阳）人。被后人尊称为"商圣"。他出身贫贱，但博学多才，辅佐勾践兴越国，灭吴国，功成名就之后急流勇退，经商成巨富，自号陶朱公。后世常用"陶朱公"代指富商。

孙膑 巧施金蝉脱壳之计

将者，不可以不义，不义则不严，不严则不威，不威则卒弗死；故义者，兵之首也。（战国·孙膑）

孙膑在青年时期，和庞涓一起拜鬼谷子为师，学习兵法。鬼谷子是位德行高深的隐士，他上知天文，下知地理，精通数学和占卜，尤其精通兵学。他弟子众多，战国时代著名的兵家尉缭和纵横家苏秦、张仪等都出自他的门下。孙膑为人淳朴厚道、谦虚谨慎，加上学习勤奋刻苦，很受鬼谷子的器重。

一天，鬼谷子对众弟子说："我讨厌夜间听到老鼠的声音，你们轮流值宿，替我驱鼠。"这天夜里，轮到孙膑值宿，鬼谷子将孙膑叫到跟前，取出一卷竹简，对他说："这是你的祖先孙武留下的《孙子兵法》十三篇。几经流传，因为我和你的祖先有些交情，所以得到了这本书，并亲自作了注解。一些行兵的秘密，都在其中。我从来没有轻易传授过任何人，见你心术忠厚，特意交给你。"并告诫孙膑说，"得到这本书，善于运用就对天下有利，不善于运用就会对天下有害。"

孙膑如获至宝，认真研习，三天之后就能全部准确无误地背诵出来，并能有所发挥。鬼谷子很是惊讶，高兴地说："你能如此用心，你的祖先孙武先生后继有人了。"

这件事后来被庞涓知道了，对孙膑暗生嫉恨之心。庞涓生性奸诈、嫉贤妒能；然而，他非常善于伪装自己，还与孙膑结为兄弟。一天，弟子们下山取水，听到路人传说魏国正在招贤纳士。庞涓想去魏国应聘，鬼谷子知道了他的想法，就放庞涓下山。下山前庞涓与孙膑约好，如果自己能做官，一定向魏王推荐孙膑，还发誓说："如果食言，就死于万箭之下。"孙膑十分感动，挥泪与庞涓告别了。

魏惠王听说鬼谷子的弟子前来应聘，便欣然接见了他。在一番交谈后，魏惠王就拜庞涓为大将，另兼军师的职位。庞涓在魏国受到重用后，并没有履行邀请孙膑下山的诺言。后来魏惠王听说孙膑很有才能，就让庞涓写信邀请，庞涓只得照办。

孙膑接到庞涓的信后，感念庞涓推荐自己的恩情，立即打点行装奔赴魏国。庞涓见到孙膑后，假意欢迎，并盛情款待。然而不久，庞涓便伪造书信，设计陷害孙膑，在魏惠王面前诋毁孙膑，说其私通齐国，惠王一气之下要处死孙膑。庞涓为了骗取孙膑所学的兵法，又假惺惺地向魏王求情，把死刑变成了膑刑。孙膑被挖去了双膝盖骨，成了一个废人，天天依靠着庞涓过日子。为了报答庞涓的恩情，他答应把《孙子兵法》十三篇背诵下来，写在竹简上。

孙膑每天忍痛背写兵书，在一旁侍奉他的仆人实在看不下去，便把实情告诉了孙膑。直到此时，孙膑才恍然大悟。于是，他一方面与庞涓巧妙周旋，一方面寻找逃脱的机会。思前想后，孙膑决计装疯。他把刚写成的几篇兵书一片一片烧毁，一会儿大哭，一会儿大笑，一会儿又做出各种傻相。庞涓生性狡诈，他怕孙膑是装疯，就命人将孙膑拖到猪圈中。孙膑从此每天天一黑就自己到猪圈里去睡觉。几天后，庞涓终于相信孙膑是真疯了，于是就放松了对他的看管。

后来，齐威王派辩士淳于髡（kūn）前来拜访魏惠王。孙膑乘人不备，秘密去见淳于髡，以刑徒的身份慷慨陈词，打动了淳于髡。淳于髡偷偷将孙膑带离魏国，回到了齐国临淄。齐威王对孙膑以"先生"相称，把他作为老师看待。

前342年，庞涓率军攻打韩国，韩国向齐国求救。齐威王采取孙膑的建议，出兵救韩国。在一个叫马陵的地方，孙膑带领的齐国军队打败了魏国的主力部队，庞涓自刎而死。

微阅读

孙膑（生卒年不详），战国时期齐国人，中国历史上最著名的军事家之一。齐国阿（今山东阳谷东北）人，为军事家孙武（即孙子）的后代。相传与庞涓同为鬼谷子的学生。后被庞涓陷害，被处以膑刑（去膝盖骨），所以人们称他为孙膑。著作有《孙膑兵法》，可惜很早就失传了。

卓文君

以诗唤情

真者，精诚之至也。不精不诚，不能动人。（战国·庄子）

汉景帝中元六年（前144），大才子司马相如来到四川临邛，受邀到当地首富卓家饮酒，在卓家大堂上司马相如弹唱起了那首著名的《凤求凰》：

凤兮凤兮归故乡，遨游四海求其凰。

时未遇兮无所将，何悟今兮升斯堂！

…………

据说这首《凤求凰》是司马相如为了追求卓文君而作。不管这种说法是否真实，但是它确实打动了卓文君的心。卓文君在堂后听见这首优美的曲子，暗自感叹："这首曲是这样地直白与真诚，动人的曲调、热情的赋词，是什么样的人如此有才！"司马相如温文尔雅、风度翩翩，卓文君对他一见倾心。

可惜卓王孙不同意这门亲事，于是大胆的卓文君在一天夜里偷偷去找司马相如，和他一起私奔到了司马相如的老家成都。司马相如家境贫寒，两人在成都没有经济来源，生活很难维持，于是决定回临邛。卓文君知道父亲因为她私奔有辱家门十分恼火，所以直接向父亲求助是不可能的，于是他们就在娘家对面开起了酒馆，卓文君每天大大方方地当垆卖酒，司马相如也当众洗碗刷盘。终于父亲拗不过女儿，不得不分给他们奴仆百人，钱百万，并厚备妆奁，接纳了这位女婿。

汉景帝之后，汉武帝即位。武帝在读了司马相如的《子虚赋》后，惊为天人，于是召司马相如进京。到长安后司马相如为好大喜功的汉武帝献上了《上林赋》，武帝大喜，封司马相如做郎官。从此司马相如在官场上春风得意，久居长安，和名流雅士相交甚欢，渐渐淡忘了自己在临邛的妻子。

这一天，司马相如给卓文君寄回了一封信，信上只有十三个字："一二三四五六七八九十百千万"，唯独没有"亿"。聪慧的卓文君当然知道这其中的意思，丈夫是在暗示自己"我已经对你无意了"。卓文君的心都快碎了：自己为了他背叛了疼爱自己的父亲，和他私奔；为了他丢下了大家闺秀的矜持，当垆卖酒；为了他独守空房，默默忍受相思之苦……却换来了今日的结局。

面对丈夫的背叛，卓文君没有呼天抢地，也没有哀怨连连地求丈夫回心转意，她回了这样一首诗——《怨郎诗》：

一别之后，二地相思。只说是三四月，又谁知五六年。七弦琴无心弹，八行书无可传。九曲连环从中折断，十里长亭望眼欲

穿。……郎呀郎，恨不得下一世，你为女来我做男。

卓文君不明白自己当初选择的丈夫怎么会这样地无情。她不甘心，就像几年前争取自己的婚姻一样，她还要再争取一次。这一次如果他能回头，他们还是会像从前那样恩爱，如果他执意要纳妾，她就放手绝不纠缠。于是卓文君又给司马相如寄去了她作的《白头吟》：

皑如山上雪，皓如云间月。

闻君有两意，故来相决绝。

…………

并附上了诀别书：

春华竞芳，五色凌素，琴尚在御，而新声代故！锦水有鸳，汉宫有木，彼物而新，嗟世之人兮，瞀于淫而不悟！朱弦断，明镜缺，朝露晞，芳时歇，白头吟，伤离别，努力加餐勿念妾，锦水汤汤，与君长诀！

司马相如在看到《白头吟》后被卓文君的才华折服了，面对文君的指责他无言以对，回想起当初妻子与自己患难相随，他羞愧万

分。就这样，司马相如打消了纳妾的念头。后来他罢官回家，和卓文君安居林泉，白头偕老。

两千多年前的卓文君就知道幸福要靠自己争取的道理，以一首才华横溢的《白头吟》唤回了丈夫的心，也唤回了曾经白头偕老的誓言，更重要的是她唤回了自己的幸福。卓文君靠真情和才华使丈夫回心转意的故事遂传为千古佳话。

微阅读

卓文君（生卒年不详），西汉人，中国历史上有名的才女，善鼓琴。临邛（今四川邛崃）人，是巨商卓王孙之女。十六岁时嫁到董家，婚后半年即守寡回到娘家。后与著名文人司马相如相爱。二人的爱情故事流传至今。

司马迁　忍辱负重著《史记》

　　人固有一死，或重于泰山，或轻于鸿毛。（西汉·司马迁）

　　司马迁的父亲司马谈是汉武帝时的太史令。司马迁年少时随父亲到京师长安，跟着孔安国学《尚书》，跟着董仲舒学《春秋》，又在父亲的建议和支持下开始游历大江南北。他从京师长安出发，南下至江陵，渡江辗转到汨罗江凭吊屈原；沿湘江溯流而上，探访九里山，瞻仰舜帝陵墓，观看有关的文物和书册；到浙江会稽山，考察有关大禹的传说；北上淮阴，深入街巷，探访韩信的事迹；又到齐鲁搜集孔子、孟子的逸事；他还到秦汉之际风云人物的故里对楚汉相争的战场进行实地考察。

　　司马迁读万卷书行万里路，年纪轻轻便继承父业成为太史令。前104年，司马迁开始着手编纂《史记》。就在他专心著书时，一个沉重的打击袭来。

　　前99年，武帝派李广利领兵讨伐匈奴，另派别将李陵随从李广利押运辎重。李陵带领步卒五千人出居延，孤军深入浚稽山，与匈奴单于遭遇。匈奴以八万骑兵围攻李陵。经过八昼夜的战斗，李陵斩杀了一万多匈奴，但由于他得不到主力部队的后援，结果弹尽粮绝，不幸被俘后投降了。

　　李陵兵败的消息传到长安后，武帝本希望他能战死，后却听说他投了降，愤怒万分。满朝文武官员察言观色，趋炎附势，几天前还纷纷称赞李陵的英勇，现在却附和汉武帝，指责李陵的罪过。汉武帝询问太史令司马迁的看法。司马迁认为李陵平时孝顺母亲，对朋友讲信义，对人谦虚礼让，对士兵有恩信，有国士的风范，于是为李陵辩解说："李陵只率领五千步兵，深入匈奴，孤军奋战，杀伤了许多敌人，立下了赫赫功劳。在救兵不至、弹尽

粮绝、走投无路的情况下，仍然奋勇杀敌，就是古代名将也不过如此。李陵自己虽陷于失败之中，而他杀伤匈奴之多，也足以显赫于天下了。他之所以投降了匈奴，一定是想寻找适当的机会再报答汉室。"没想到一席话把汉武帝激怒了，于是武帝下令将司马迁打入大牢。

司马迁被关进监狱以后，负责案子的是当时名声很臭的酷吏杜周。杜周严刑审讯司马迁，司马迁忍受了各种肉体和精神上的残酷折磨。面对酷吏，他始终不屈服，也不认罪。不久，有传闻说李陵带匈奴兵攻打汉朝，汉武帝信以为真，便草率地处死了李陵的母亲、妻子和儿子。司马迁也因此事被判了死刑。

据汉朝的刑法,死刑有两种减免办法:一是拿五十万钱赎罪,二是受"腐刑"。司马迁官小家贫,当然拿不出这么多钱赎罪,而腐刑既摧残身体,又侮辱人格,司马迁当然不愿意忍受这样的刑罚,悲痛欲绝的他甚至想到了自杀。可后来他想到,人总有一死,"或重于泰山,或轻于鸿毛",他觉得自己如果就这样轻易地死去,是毫无价值的。他想到了孔子、屈原、左丘明和孙膑等人,想到了他们所受的屈辱以及所取得的成就。司马迁毅然选择了腐刑。为了完成《史记》,他忍辱负重地活了下来。

前96年,汉武帝改元大赦天下。司马迁出狱。出狱后,他把所有精力都放到《史记》的编写上。直到前91年全书完成,共得一百三十篇五十二万余言。司马迁独创了中国历史著作的纪传体体裁,开创了史学方法上全新的体例。

当遭遇了巨大的不幸时,司马迁没有悲观消沉,他明白人生的意义在于实现自己的价值,他创作的《史记》为后人展示了一部规模宏大的社会变迁史。无论在中国史学史上还是在中国文学史上,《史记》都堪称经典,是一座伟大的丰碑。

微阅读

司马迁(约前145或前135—?),西汉史学家、思想家、文学家。字子长,又称太史公,夏阳(今陕西韩城南)人。著有《史记》(又称《太史公书》,中国第一部纪传体通史),对后世史学与文学产生了深远影响。

王昭君　出塞和亲

汉家秦地月，流影照明妃。一上玉关道，天涯去不归。（唐·李白）

前36年，汉元帝昭示天下，遍选秀女。王昭君天香国色，聪颖过人，又弹得一手好琵琶，自然是当地的首选。

入选的宫女很多，皇帝让画匠把她们画下来，通过画像来决定她们能否面君。宫女们为了让画匠把自己画得更加漂亮，纷纷贿赂画匠。也许是因为自视貌美，也许是因为不屑这种龌龊的行为，只有王昭君不肯贿赂画匠。很不幸，她遇到的画匠毛延寿是一个小人。毛延寿勒索不成便心生歹意，在昭君的画像上点了一颗丧夫落泪痣。汉元帝看了昭君的画像认为不详，便把她贬入冷宫。

年轻的昭君在冰冷的宫墙中开始了她孤寂的生活，她甚至从没见过皇帝的面。也许有人认为昭君会像大多数女人一样整日以泪洗面，哀怨连连，可她没有。她依旧是心高气傲的王昭君，她不相信自己的命运就是这样，一切美好的愿望都还没有开始呢。她会抓住一切改变命运的机会。

三年后，王昭君终于等到了这个机会。竟宁元年（前33），北方匈奴首领呼韩邪单于主动对汉称臣，并亲自来到长安请求和亲。在当时，嫁到遥远的大漠就意味着永远和自己的家乡、亲人分别，还要忍受恶劣的自然气候和生活条件，所以几乎没有公主愿意和亲。这时，王昭君毅然请命，表示愿意前往。与其在深宫中孤独终老，还不如走出宫墙自由地生活。王昭君不愧是有见识的，她的命运发生了逆转。

带着皇帝赐的丰厚嫁妆，在大队人马的簇拥下，王昭君离开了

长安。回望长安城，她的心情也许和三年前离开家乡时是一样的，虽然不舍但也充满了希望。

这一次，等待昭君的是真正的幸福。呼韩邪单于非常宠爱昭君，封昭君为"宁胡阏氏（yān zhī）"，意为匈奴有了汉女做"阏氏"（王妻），安宁始得保障。

王昭君没有忘记自己肩负的重任，在此后的五十年间大汉和匈奴友好相处。她为民族间的团结和文化交流做出了重大贡献，对后世也产生了深远的影响。

杜甫在诗中写过"千载琵琶作胡语，分明怨恨曲中论"，在他眼里昭君是悲苦的，一个弱女子用自己的柔弱身躯扛起了维护国家和平的重任，远嫁他乡，孤独和悲凉的情绪从她弹奏的琵琶曲中不经意地流露出来，似乎她是带着浓浓幽怨走出雁门关的。但是我们也看到了一个坚强、果敢、充满智慧的王昭君。在那个女子不能做主的时代，王昭君掌握了自己的命运——出塞就是改变命运的一个明智选择。

微阅读

王昭君（生卒年不详），西汉人，中国古代四大美人之一。名嫱，字昭君，南郡秭归（今湖北省兴山县）人。以"良家子"的身份选为宫女，因得罪宫中画师无缘面君。恰逢匈奴首领请求和亲，昭君便主动要求远嫁塞外。昭君出塞后，汉朝与匈奴和好，增强了汉族与匈奴之间的民族团结。

苏轼 乌台诗案

君子以其身之正，知人之不正；以人之不正，知其身之所未正也。（北宋·苏轼）

苏轼自小聪颖过人，善读诗书，二十岁就中了进士。苏轼虽然才华横溢，但是仕途却经历了几起几落，其中最坎坷的便是"乌台诗案"。

1079年，苏轼因为对王安石的新法存有偏见，就上书皇帝反对王安石变法。这样他就遭到了一些赞成新法的官员的排挤，于是被贬调湖州。在奉命调任后，苏轼依照惯例向宋神宗上表致谢。本来只是官样文章，但他知道自己被外放是新党的御史们做了手脚，因此按捺不住心中的不平，不由得在上表的文章中写了略带牢骚的"知其生不逢时，难以追陪新进；查其老不生事，或可牧养小民"一句。也就是这一句抱怨的话，让苏轼当时在朝廷中的政敌章惇、蔡确等人抓到了把柄，他们指责苏轼以"谢表"为名讥讽朝廷，妄自尊大，发泄对新法的不满。

于是朝廷的御史台（旧称乌台）在当年七月就派人将苏轼逮捕，从湖州押送到当时的京城汴京。中国古代的文人很多都有一股傲气，喜欢在自己的文章中抱怨和发泄对社会的不满。苏轼也不例外，所以当他被关进御史台的大牢时，就有很多人拿他的文章挑刺，指控苏轼"大逆不道"，应该从重处罚。

苏轼在狱中每天都被逼着交代那些被指不敬的诗词的出处，前途险恶，生死未卜。在等待判决的日子里，苏轼与儿子苏迈约定：每天给他送的饭里都要有菜有肉，如果一旦有了死刑判决的坏消息，就改送鱼，以便心里早做准备。

一日，苏迈因为银子用完了，需出城去借，便把给苏轼送饭的事委托给了一个朋友，但是他却忘记告诉朋友他和父亲暗中约定之事。偏巧朋友那天送饭时给苏轼送去了一条熏鱼，苏轼一见大惊，以为自己凶多吉少，便以极度悲伤之心为弟弟苏辙写下两首诀别诗：

圣主如天万物春，小臣愚暗自亡身。百年未满先偿债，十口无归更累人。是处青山可藏骨，他年夜雨独伤神。与君今世为兄弟，更结来生未了因。

柏台霜气夜凄凄，风动琅珰月向低。梦绕云山心似鹿，魂飞汤火命如鸡。额中犀角真君子，身后牛衣愧老妻。百岁神游定何处？桐乡应在浙江西。

苏轼把写好的诗交给狱吏，让他们转交给苏辙。按照规矩，这两首诗必须先呈交给宋神宗过目。宋神宗读到苏轼的这两首绝命诗后，感动之余，也不禁为他的才华所折服，再加上朝廷中还有不少人为苏轼求情，就给苏轼定了个"讥讽政事"的罪名，贬为黄州团练副使。苏轼因而侥幸逃过一劫。

微阅读

苏轼（1037—1101），北宋文学家、书画家，"唐宋八大家"之一，豪放派词人代表，与父亲苏洵、弟苏辙合称"三苏"。字子瞻，号东坡居士，四川眉州（今四川眉山）人。苏东坡在诗词、散文等方面都有很高的成就，还擅长书法和绘画，是中国文学艺术史上罕见的全才，公认的文学艺术造诣最杰出的大家之一。有《东坡七集》《东坡乐府》等传世。

黄道婆 天涯织女

黄婆婆，黄婆婆，教我纱，教我布，两只筒子两匹布。（民间歌谣）

黄道婆出身于贫苦农民家庭。当时，正是宋元更替、兵荒马乱之际，贫苦百姓的生活更是艰难。

黄道婆很小的时候父母就亡故了，十二三岁就被卖给人家当童养媳。黄道婆在丈夫家的生活很不幸，她白天下地干活，晚上纺纱织布，还要担负繁重的家务。尽管黄道婆很勤快，但是婆家对她很不好，经常虐待她。

在黄道婆稍大点的时候，朝廷招官妓，地保见黄道婆已长大成人，就同她的婆婆商量身价。这消息被隔壁好心的大婶知道了，偷偷告诉了黄道婆。

一天，黄道婆趁婆婆外出，就偷偷地逃了。她来到黄浦江边，只见江水翻滚，白浪滔天，可是，眼前没有摆渡船，因为怕夫家的人追来，黄道婆急得哭了起来。这时幸亏开来一艘过路的客船，船家见黄道婆可怜，就把她摆渡到江对岸。

黄道婆一路逃命，路过一座尼姑庵时，见山门半掩，便趁势进去。她走到佛殿大门口，见有一位老师太正在诵经。她不敢惊动老师太，轻手轻脚走到供桌边坐了下来，一会儿竟睡着了。老师太念完经，回到佛像前跪拜祈祷，突然看到旁边睡着一个人，吓了一跳，再仔细一看，是个姑娘。老师太唤醒黄道婆，问明缘由后，就把她收留了下来。

一天，尼姑庵来了一位四十来岁的女人，老师太叫黄道婆出来拜见。原来，这位师姨是从海南岛崖州到这里来探亲的。黄道婆听师姨谈论海南风光，听入了神。她想：原来天下还有这么好的地方！特别是听说崖州盛产棉花、棉布，又看见师姨穿的衣服料子的确同本地棉布不同，她想起自己当初用手剥棉子，剥得指甲脱落的情景，就很想去看看崖州百姓是怎样种棉织布的。要是真去了崖州，既可避开丈夫家的搜寻，又能学到种棉织布的本领，那该有多好啊！她把心里的想法向老师太和师姨提了出来，得到了两人的同意。几天后黄道婆就跟着师姨上路了。

黄道婆来到崖州一看，的确是另有一番天地。她以师姨的尼姑庵为家，很快就和当地黎家姐妹结下了深厚的友情，和她们一起种棉、摘棉、轧棉、纺纱、染色、织布。黎家姐妹织出的五彩缤纷的"黎锦"花被，她更是爱不释手。聪明的黄道婆把全部精力都倾注在棉织事业上，又得到黎家姐妹无私的帮助，很快就熟悉了黎族全部织棉工具，掌握了他们的先进技术。

黄道婆在崖州一住就是三十多年，从一个孤苦伶仃的姑娘变成了鬓发斑白的老婆婆。这三十年间，她一直很怀念自己的故乡。1295年的一天，黄道婆带着黎族人民先进的纺织工具，依依不舍地辞别了黎族同胞，搭海船回到了阔别三十多年的乌泥泾。

那时候，棉花种植业已经在长江流域普及，但是纺织技术仍然很落后。黄道婆回乡后，致力于改革家乡落后的棉纺织生产工具，还毫无保留地把自己精湛的织造技术传授给故乡的百姓。黄道婆对推动江浙地区棉纺织业的迅速发展做出了很大的贡献。

微阅读

黄道婆（约1245—？），宋末元初人，我国著名纺织技术革新家。又称黄婆、黄母，松江乌泥泾（今上海徐汇区东湾村）人。出身贫苦，少年流落到崖州（今海南三亚），以道观为家，跟着黎族人民学会了纺织技术。后来回到故乡传授先进的纺织技术，推广先进的纺织工具，受到百姓的敬仰。在清代的时候，被尊为布业的始祖。

唐寅　蒙冤会试泄题案

　　浅浅水，长悠悠，来无尽，去无休。曲曲折折向东流，山山岭岭难阻留。问伊奔腾何时歇，不到大海不回头。（明·唐寅）

　　人们对江南四大才子之一的唐寅唐伯虎的印象，几乎都是风流倜傥、春风得意，却不太知道他一生遭遇了许多变故，年仅五十余岁就凄然离世。唐寅三十岁时遭遇的会试泄题案，应该是他人生中经历的一次大考验。

　　三十岁那年，唐寅与江阴巨富子弟徐经一同上京赶考。当时京城会试主考官是程敏政和李东阳。他们两人都是饱学之士，所以试题出得十分冷僻，致使很多应试者都答不上来，可是其中却有两张试卷不仅答题比较贴切，文辞也十分优雅。主考官程敏政高兴得脱口而出："这两张卷子定是唐寅和徐经的。"没想到，就是这句话却引出了一段公案，改变了唐寅的命运。

　　唐寅和徐经到京城后曾多次拜访程敏政，程的政敌早已盯紧了一切蛛丝马迹。这次听程敏政在考场这样说，便抓住把柄，纷纷启奏皇上，说程敏政受贿泄题，理应严加追查。皇帝信以为真，立即下旨将程敏政、唐寅和徐经押入大狱，严加拷问。

　　徐经入狱后由于经不起严刑拷打，屈打成招，说自己买通了程敏政的亲随，提前得到了试题，自己又泄露给了唐寅。好在后来刑部、吏部会审，徐经又推翻自己的供词，说那是屈打成招，皇帝才下旨"平反"。唐寅出狱后，被贬往浙江做小吏，他自觉羞辱而不上任。

自这件事以后，唐寅就绝意了仕途之路。他游历名山大川，以诗文终其一生。

"不炼金丹不坐禅，不为商贾不耕田。闲来写幅丹青卖，不使人间造孽钱。"这首诗，可说是唐寅对自己一生的最恰当的注解。

微阅读

唐寅（1470—1523），明朝画家、文学家。字伯虎，一字子畏，号六如居士、桃花庵主等，吴县（今江苏苏州）人。他玩世不恭而又才华横溢，工诗文，善书画，与祝允明、文徵明、徐祯卿并称"吴中四才子"（也称"江南四大才子"）；画名更著，与沈周、文徵明、仇英并称"吴门四家"（也称"明四家"）。

蒲松龄 落榜著奇书

　　写鬼写妖高人一等，刺贪刺虐入骨三分。（郭沫若·题蒲松龄故居）

　　蒲松龄一生热衷科举。1658年，蒲松龄参加秀才考试，名列第一，名震一时。成为秀才的蒲松龄信心满满，想要通过科举考取功名，在仕途上一展宏图。但是才华横溢的蒲松龄似乎和功名无缘，他一连三次参加乡试（在省城举行的考试，考中的人称举人）都名落孙山。那时候的考场，舞弊现象十分严重，没学问的，只要用钱买通考官，就可以得中，而像蒲松龄这样的穷书生只好靠运气了。

在以后的三十年里，蒲松龄几乎每一届乡试都会参加。1687年他又参加了考试。这次拿到题目后蒲松龄很有信心，但是在奋笔疾书后，他发现自己写的文章"越幅"了。科举考试有严格的书写规范，每一页写十二行，每一行写二十五个字，还必须按照页码连续写。蒲松龄下笔如有神，写完第一页，飞快一翻，连第二页一起翻过去，直接写到第三页上了，隔了一幅，这就叫"越幅"。当时规定，越幅不仅要取消资格还要张榜公布以起到警示作用。后来蒲松龄写了首词《大圣乐》，描写这一次考试越幅的感受："得意疾书，回头大错，此况何如？觉千瓢冷汗沾衣，一缕魂飞出舍，痛痒全无。"

在考场上的屡次失败，让蒲松龄彻底看清了科举制度的黑暗腐朽，他决心用写作的方式来揭露和批判社会的黑暗现实，歌颂人间的真善美。于是蒲松龄静下心来专心创作他的《聊斋志异》。

为了写《聊斋志异》，蒲松龄想方设法搜集素材。他住的村子东面有一片柳林，当时这里是胶东三府通往省会的交通要道，过往客商都常在柳林中休息。有一年夏天，蒲松龄坐在屋里写作，但文思枯竭，怎么也写不出了。于是他便放下笔，信步走到村东的柳荫下乘凉。他见到有很多客商都坐在那里天南海北地谈笑，便突发奇想：人们常说"一人肚里一条计，三人肚里一本戏"，我何不向他们学习呢？此后，他变卖了一些家当，买来了绿豆和苇席。他选择了靠近十字路口的一棵大树，铺好苇席，摆上一大缸绿豆汤，有行人来此歇脚，他热情接待，让行人坐在席上喝汤或饮茶。蒲松龄从来不收行人的钱物，却要求在此歇脚的人在休息一会儿后给他讲一段趣闻逸事。到了晚上，他把白天听来的素材加以筛选，进行创作。这样一来，素材有了，他提起笔来总是文思如泉涌，一气呵成。

　　蒲松龄的一生看似郁郁不得志，但是试想，如果蒲松龄顺利中举，仕途坦荡，哪里还会有那么多的苦楚和郁闷。没有这样失意的人生经历，蒲松龄恐怕写不出多少离奇曲折的故事，我们也就无缘看到《聊斋志异》这部神奇的小说了。

　　微阅读

　　蒲松龄（1640—1715），清朝文学家。字留仙，一字剑臣，别号柳泉居士，世称聊斋先生，山东淄川（今属淄博）人。少时即文采斐然，闻名乡里，但屡次应试皆落第，直至七十一岁才考取贡生。长期在家乡做塾师，熟知普通人的喜怒哀乐。著有短篇小说集《聊斋志异》。

严复　　"先进的中国人"

　　物竞天择，适者生存。（严复）

　　严复出身于福建的一个医生家庭。严氏家族本来是传统的官宦之家，但从严复的曾祖开始，就弃儒从医了。严复的父亲也是一名医生，他医术精湛，为人也很仁义，所以在当地很有名望。然而天有不测风云，严复十二岁时，父亲就因病去世了，留下孤儿寡母艰难度日。

　　虽然艰苦，但是严复聪慧好学，而且从小就跟着名师读书学习，所以他虽然年纪不大，但也很有些文化底子。就在严父去世这年，林则徐的女婿沈葆桢奉旨在福建创建船政，并在当地招收学员。因为学员的学费都由官府出，并且每月还能发一些银钱补贴家用，严复就去应试了。成绩出来了，严复名列前茅，深得沈葆桢赏识。于是严复就在1867年春进入福州船政学堂，学习英文及近代自然科学知识，五年后他以优异的成绩毕业了。

　　1876年底，严复等人被公派到英国留学，他先入普茨茅斯大学，后又转到格林尼治海军学院。严复在英国学习期间，不仅开阔了眼界，增长了知识，还遇到了对他有知遇之恩的郭嵩焘。

　　1878年中国农历春节，严复和其他几个留学生一起到中国使馆给中国首任驻英国大使郭嵩焘拜年。这一次的拜访，严复给郭嵩焘留下了深刻的印象，郭嵩焘对严复的才学很赞赏，二人成为忘年之交。1878年夏天，严复完成格林尼治海军学院的最终考试，郭嵩焘此时也兼任了中国驻法公使，他便带着严复等一起去巴黎参观世界博览会。

郭嵩焘因为受到了保守派的攻击，驻英仅一年半就被迫奏请辞职，清政府改派曾国藩的儿子曾纪泽继任驻英法公使。直到1879年1月25日离开英国，郭嵩焘都一直恪尽职守。他在广泛征询校方意见的基础上，给所有海军留学生写出评语和推荐意见。他认为刘步蟾、萨镇冰等人成绩优秀，已能胜任管带（舰长）的职位，而严复学识特优，"以之管带一船，实为枉其材"。于是郭嵩焘照会英国新任外相沙里斯百里，请他安排刘步蟾等五人在一年学习期满后上舰实习，而严复则继续留校研习。不仅如此，郭嵩焘甚至致函朝廷里的一位重臣说："有出使外国的重任，只有严复能胜其任。如一些人，不懂外文，不知世界大势，有什么能耐担任重任。"其中他希望清政府能破格任用严复，当然也含有对曾纪泽等人的影射。没想到郭嵩焘的极力推荐不仅没能帮到严复，反为严复后来的仕途留下了隐患。

郭嵩焘因

其思想超前而"谤满天下"，他举荐的人也一样受到排挤。留学生监督李凤苞（丹崖）对郭嵩焘给予严复的高度评定和举荐皆不予理睬，曾纪泽也因为严复议论他"天分低，于使事无裨益"而对严复极为不满。

严复学成回国后，在仕途上一直不是很顺利，后来他将工作的重心从海军界转入思想界。他积极倡导西学的启蒙教育，完成了著名的《天演论》的翻译工作。严复第一次把西方的古典经济学、政治学理论以及自然科学和哲学理论较为系统地引入中国，启蒙与教育了一代国人。

微阅读

严复（1854—1921），近代资产阶级启蒙思想家、翻译家。字又陵，又字几道，福建侯官（今福州）人。翻译《天演论》，主张"物竞天择，适者生存"，被称为中国近代史上向西方国家寻找真理的"先进的中国人"之一。

鲁迅　弃医从文

不在沉默中爆发，就在沉默中灭亡。（鲁迅）

鲁迅出生的时候，祖父还在朝廷做官，所以家境还不错。但是在他十三岁时，祖父因科举舞弊案锒铛入狱，父亲又长期患病，最终病故。家庭的变故让鲁迅的生活产生了翻天覆地的变化。因为是家中长子，所以他不得不同母亲一起挑起生活的重担。

为了改变命运，1898年，鲁迅离开家乡到南京水师学堂上学，后来又改入南京路矿学堂。因为在南京路矿学堂成绩优异，鲁迅毕业后获得了公费留学的机会。

1902年，鲁迅东渡日本，开始在东京弘文学院补习日语，后来他抱着改善被讥为"东亚病夫"的中国人健康状况的理想，进入仙台医学专门学校（现日本东北大学医学部）学医。

在日本，作为一个弱国子民的鲁迅，经常受到具有军国主义倾向的日本人的歧视。在他们眼里，中国人都是"低能儿"，不管鲁迅怎么刻苦学习，他们还是看不起他。鲁迅的解剖学成绩非常好，考试的时候他得了九十多的高分，但是一些人却怀疑是担任解剖课教师的藤野严九郎把考题事先泄露给了他。这使鲁迅深刻地感受到了作为一个弱国子民的悲哀。

一次偶然的机会，让鲁迅彻底改变了最初的理想。有一次，在上课前教室里放映了一组幻灯片，讲述的是一个中国人为俄国人做侦探，被日本军队捉住杀头的事。鲁迅看见当那个做侦探的中国人

被砍头的时候，另一群中国人却若无其事地站在旁边看热闹。虽然这些人身强体壮，但个个无动于衷，脸上尽是麻木的神情。这时身边一名日本学生说："看这些中国人麻木的样子，就知道中国一定会灭亡！"还一边讥笑中国人就是"东亚病夫"。

日本同学的讥笑和这些中国人的麻木深深地刺伤了鲁迅，他清醒地认识到，精神上的麻木比身体上的虚弱更加可怕。要改变中华民族的命运，首先需要改变的是所有中国人的精神，而能改变中国人精神的，则首先是文学和艺术。于是鲁迅离开仙台回到东京，联络了许寿裳等几个志同道合的朋友，筹办文艺杂志，开始了他文学创作的生涯。

在当时，他与朋友们讨论得最多的是关于中国国民性的问题："怎样才是理想的人性？中国国民性中最缺乏的是什么？它的病根何在？"通过种种思考，鲁迅把个人的人生体验同整个中华民族的命运联系起来，奠定了他后来作为一个文学家、思想家的基本思想基础。在留日期间，鲁迅初步形成了他的世界观和人生观。

1909年，鲁迅离开日本回到祖国。1918年5月，他首次用"鲁迅"的笔名，发表了中国现代文学史上第一篇白话文小说《狂人日记》，奠定了新文学运动的基石。五四运动前后，鲁迅参加《新青年》杂志工作，成为五四新文化运动的主将。

微阅读

鲁迅（1881—1936），文学家、思想家、革命家，新文化运动的旗手。原名周树人，字豫才，浙江绍兴人。他创作的杂文，深刻分析各种社会问题，表现出了卓越的政治远见和坚韧的战斗精神，对中国革命文化事业做出了巨大贡献。

君临天下

帝王将相，宁有种乎？
哪怕是天之骄子，也只有百炼成钢，
才能成就伟业。

秦始皇
嬴政

千古一帝

秦王扫六合，虎视何雄哉！挥剑决浮云，诸侯尽西来。
（唐·李白）

前259年，嬴政出生在赵国首都邯郸（今河北省邯郸市），他
的父亲是在赵国做人质的秦公子异人。

做人质期间，异人巧遇卫国大商人吕不韦。吕不韦认为异
人"奇货可居"，不仅给异人送去金银绸缎，还送给了异人一个
美人。这个美人就是嬴政的母亲赵姬，她在嫁给异人后就生下了
嬴政。

在吕不韦的周旋下，秦昭王太子的夫人华阳夫人收异人为嗣子，并把异人接回了秦国，更名为子楚。子楚回秦国的时候，嬴政和赵姬被留在赵国继续当人质。

嬴政九岁时，其父子楚被立为太子。吕不韦又花费大量金钱将赵姬母子接回秦国。不久子楚即位，称秦庄襄王，吕不韦做了相国。前247年，庄襄王驾崩，于是未满十三岁的嬴政即位。

由于嬴政年少，相国吕不韦便把持了朝政。但是嬴政和他的父亲不同，他不是个任人摆布的人。前238年，秦王嬴政宣布亲政。这一年，宦官嫪毐（lào ǎi）发动宫廷政变，嬴政一举平定了嫪毐的叛乱。嫪毐是吕不韦引荐给赵太后的，嬴政便借此免除了吕不韦的相职，把吕不韦放逐到巴蜀。嬴政把朝政大权收回到自己手中，从此开始真正的亲政。

前230年至前221年，嬴政采取远交近攻、分化离间、合纵连横的策略，灭掉韩、魏、楚、燕、赵、齐六国，结束了长达数百年之久的分裂割据、混战不已的局面，创立了中国历史上第一个统一的封建中央集权国家——秦朝。嬴政统一天下后，创立了"皇帝"的尊号，自称始皇帝。从此以后，"皇帝"就成为封建中国国家最高统治者的称谓。

为了加强手中的权力，秦始皇采取了中央集权的政体，实行郡县制，中央设立"三公九卿"，协助皇帝处理政治、军事、经济等事务。这一政治体制加强了皇帝对政权的控制，开创了专制主义的中央集权，为后来的历代封建王朝所沿袭。

微阅读

秦始皇嬴政（前259—前210），战国末期秦国国君，首位完成中国统一大业的皇帝，建立了中国第一个封建王朝——秦朝。姓嬴，名政，一称赵政，秦庄襄王之子。中国杰出的政治家、军事统帅，对中国和世界的历史均产生了深远而重大的影响，被明代思想家李贽誉为"千古一帝"。

汉高祖
刘邦

得人者得天下

大风起兮云飞扬，威加海内兮归故乡，安得猛士兮守四方！
（西汉·刘邦）

刘邦出身在一个平民家庭。他年少时很贪玩，但是为人宽厚，性格豪爽，喜欢结交朋友。成年后，刘邦更是广交天下朋友。秦朝末年，陈胜起义。刘邦起兵响应，跟随他的人非常多。在谋士张良等人的辅佐下，刘邦率先攻占咸阳，推翻了秦朝。

紧接着，刘邦与项羽展开了长达五年的楚汉战争。刘邦最终赢得了这场战争。这与他广纳贤才、知人善任有很大关系。刘邦不仅不拘一格用人才，而且对待投降的人才也能给予最大的信任。陈平是刘邦麾下第二大谋臣。陈平原先是楚霸王项羽的谋士，因为得不到项羽的重用，就逃出了项羽的军营，投靠了刘邦。陈平的到来让刘邦很高兴，他亲自到帐外迎接，拉着陈平的手就问："先生在项羽那里担任什么职位？"陈平答道："都尉。"刘邦说："好！那先生在我这里也担任都尉吧。"于是马上就任命陈平为都尉。

刘邦的这一决定立即引起了一些人的质疑，他们都认为陈平是个降将，对刘邦没有一点功劳，仅凭一句话就获得了这样高的一个职位，一些有功的大臣对陈平就更为不满。他们纷纷向刘邦上书举报陈平，说陈平是个道德败坏、反复无常的小人，说陈平刚开始是魏王的人，后来投奔了项羽，现在又来投奔沛公（指刘邦），说不定以后他还会去投奔别人。

　　刘邦听到这样的举报很生气，就找来了陈平的引荐人魏无知。刘邦责备魏无知说："我让你推荐人才，你怎么给我推荐这样一个不道德的小人呢？"魏无知说："我推荐陈平是因为他的才能，现在陛下责备我是因为他的德行。像陈平这样有才能的人，正是在目前这样的局势下沛公所需要的。况且，沛公应有办法使其提高德行。"

　　魏无知的说辞并没有打消刘邦的疑虑。刘邦召来陈平，问他："你先是跟随魏王，后又跟随项羽，现在又跟随我。先生的心思是不是太多了点？你这样反复让人怎么相信你的信义呢？"陈平回答道："同样一件有用的东西，在不同的人手里作用是不同的。是的，我刚开始是追随魏王，但是我的计谋魏王都不接受，我只好去投奔项王；项王同样是这样，从不重视我的计谋。我听说大王你广纳人才，我这才来投奔大王。大王相信我，我就留下来；如果怀疑我，我就辞职回家，老死故乡。"

　　刘邦听了陈平的话，疑虑顿消，连忙向陈平

道歉："是我错了，先生继续留在我的军中吧，从此再不会怠慢先生了。"随后又提升陈平为护军中尉。

从此，陈平一心一意为刘邦出谋划策，他"六出奇计"，为刘邦夺取天下发挥了极为重要的作用。

英国著名历史学家约瑟·汤恩比曾这样评价刘邦："人类历史上最有远见、对后世影响最大的两位政治人物，一位是开创罗马帝国的恺撒，另一位便是创建大汉文明的汉高祖刘邦。恺撒未能目睹罗马帝国的建立以及文明的兴起便不幸遇刺身亡，而刘邦却亲手缔造了一个昌盛的时期，并以其极富远见的领导才能，为人类历史开创了新纪元。"

微阅读

汉高祖刘邦（前256或前257—前195），西汉王朝的建立者。字季，沛县（今属江苏）人。秦朝末年曾担任泗水亭长，后来在沛县起兵反秦，称沛公。秦亡后与西楚霸王项羽开始了争夺天下的楚汉战争。前202年项羽兵败自杀，刘邦建立汉朝（西汉），史称汉高祖。刘邦是汉民族和汉文化伟大的开拓者之一，是我国历史上杰出的政治家、卓越的军事家。

被长公主推上皇位

汉武帝
刘彻

武帝天资高，志向大，足以有为。（南宋·朱熹）

汉武帝刘彻生于前156年，四岁被册立为胶东王，七岁时被册立为太子，十六岁登基。汉武帝在当政的半个多世纪里，采纳董仲舒"罢黜百家，独尊儒术"的建议，以儒学来统一思想；颁行"推恩令"，削弱割据势力；官营盐铁贸易，平抑物价；治理黄河，兴修水利，移民屯边，实行"代田法"；派张骞两次出使西域；任用卫青、霍去病等大破匈奴；设郡县于云南、贵州。汉武帝的文治武功将汉朝推向了全盛时期。

说起来，刘彻的皇帝宝座来得却很有些传奇色彩。汉景帝即位后，立栗姬所生的长子刘荣为太子，封四岁的刘彻为胶东王，但却迟迟不肯立太子的生母栗姬为皇后。汉景帝的姐姐长公主一心想扩大自己的势力，在屡次向景帝进献美人后，又打起了太子刘荣的主意。她想将自己的女儿阿娇嫁给刘荣为妻，于是她使人前去找刘荣的母亲栗姬说合。目光短浅的栗姬早已对长公主一而再，再而三地进献美人给汉景帝十分不满，于是她断然拒绝了长公主的说亲。

碰了一鼻子灰的长公主十分气愤，当然不肯就此罢休，她将目光投向了四岁的刘彻。一次，长公主抱起刘彻问："你想娶妻吗？"刘彻回答："当然想娶妻了。"于是长公主指了指身旁众多的侍女，说："你喜欢哪个就让哪个给你当老婆吧。"小小的刘彻摇着脑袋说："都不喜欢。"长公主又指着她的女儿阿娇问刘彻：

"那阿娇好吗？"结果刘彻满意地回答："太喜欢了！如果能够娶阿娇为妻，我就筑金屋让阿娇住。"

长公主听了刘彻的话，自然欢喜，就对刘彻的母亲王夫人说："栗姬不识抬举，我将阿娇配与彻儿，也是一样。"王夫人心中一阵暗喜，但嘴上却谦虚道："彻儿不是太子，怎么敢委屈阿娇啊！"长公主双眉一扬，且笑且恨道："栗氏以为自己的儿子被立为储君，将来自己一定就是皇太后了，千稳万当，哪知还有我在！管教她儿子立储不成！你放心，我自有打算。"

紧接着，结为亲家的长公主和王夫人合谋陷害栗姬，汉景帝从此冷落栗姬，还废除了刘荣的太子位，将他改封为临江王。前149年，王夫人被立为皇后，她的儿子刘彻被立为太子。前141年，汉景帝去世，太子刘彻即位，为汉武帝。

虽然汉武帝是因为宫廷斗争才登上皇位的，但是他成为中国历史上最伟大的帝王之一，却是凭着自己的文才武略。汉武帝不仅开创了西汉王朝的盛世，也开创了整个封建历史的盛世。

微阅读

汉武帝刘彻（前156—前87），西汉皇帝。在位五十四年（前141—前87），建立了西汉王朝最辉煌的功业。

魏武帝
曹操

挟天子以令诸侯

老骥伏枥，志在千里。（三国·曹操）

曹操出身于一个显赫的官宦家庭。他的祖父曹腾是东汉末年宦官集团中的一员，父亲曹嵩，是曹腾的养子，在曹腾死后封侯。

曹操从小就表现出了非凡的才智和气魄。174年，年近二十岁的曹操被推举为孝廉，不久，被任命为洛阳北部尉。洛阳为东汉都城，是皇亲贵族们的集聚之地，很难治理。曹操一到职，就申明禁令、严肃法纪，制造了五色大棒十余根，悬于衙门左右，使很多飞扬跋扈的权贵都对他十分敬畏。后来曹操因为在镇压黄巾起义军的战斗中显露头角，立下了大功，被封为西园八校尉之一。

189年，西凉刺史董卓进入洛阳，废少帝，立献帝刘协，自称太师，专擅朝政。汉献帝初平元年（190）正月，关东州郡牧守起兵讨伐董卓，推举袁绍为盟主，曹操为副盟主。二月，被联军击败的董卓胁迫献帝迁都长安（今陕西西安）。

192年，董卓被杀。曹操在董卓死后发展自己的势力。就在曹操的实力越来越强大时，谋士毛玠向他建议"奉天子以令不臣，修耕植以畜军资"。曹操觉得他说得很对，于是一边继续扩充实力，一边等待时机。

献帝刘协自被董卓劫持到长安后，一直处于颠沛流离之中。建安元年（196）七月，献帝终于回到洛阳。洛阳经董卓之乱后已经是一片废墟，文武百官吃住都无法解决，等级稍微低一点的官员都

需要自己出去找野菜充饥。

　　这时，曹操觉得让他久等的机会终于来了。于是他经常向献帝进献食品和器物，大大增加了汉献帝和百官对他的好感。这一年八月，曹操亲自到洛阳朝见献帝。曹操趁他人尚未来得及反应的情况下，借口京都无粮，要送献帝到鲁阳就食，把献帝安全转抵许县，使献帝摆脱了其他势力的控制。许县是曹操的势力范围，汉献帝就这样被曹操牢牢地控制了起来。

　　汉献帝到许县后，任命曹操为大将军，曹操获取了高于所有文臣武将的地位。

　　曹操取得"挟天子以令诸侯"的优势后，不断利用天子的名义讨伐各路割据势力，并剪除异己，独揽朝纲。216年，汉献帝封曹操为魏王。

　　通过不断的征战，曹操逐渐统一了中国北部，奠定了曹魏立国的基础。"挟天子以令诸侯"是曹操一生取得成功的一个重要条件。

微阅读

魏武帝曹操（155—220），三国时军事家、政治家和诗人。字孟德，小名阿瞒，沛国谯县（今安徽亳州）人。196年，曹操"挟天子以令诸侯"，先后削平吕布等割据势力，逐渐统一中国北部。后为魏王，其子曹丕称帝后，追尊他为武帝。他是三国时代魏国的奠基人和主要缔造者，被世人称为"一代枭雄"。

唐太宗 李世民 / 玄武门争锋

夫以铜为镜，可以正衣冠；以史为镜，可以知兴替；以人为镜，可以明得失。（唐·李世民）

617年，太原留守李渊起兵反隋，618年，李渊称帝，建立唐朝。在唐朝的建立过程中，李渊的几个儿子起了重要作用，特别是次子李世民功劳最大。唐朝建立以后，为统一全国，先后进行了六次大的战役。这六次战役李世民就指挥了四次，且全部取得了胜利。因此，李世民的威望远在他弟兄之上。

李渊按封建的宗法制立了长子李建成为太子，李世民被封为秦王。太子李建成时时感到自己根基不稳，于是联合四弟齐王李元吉排挤李世民。一场兄弟间的皇权争夺战便开始了。

626年，突厥侵犯中原，李建成向李渊建议，让李元吉出征迎战。李渊同意了，但李元吉却提出要调李世民手下的大将尉迟恭、秦琼等一起出征，还要求把秦王府的兵马都划归他管。这时李世民听到消息说，李元吉把这些人马调去后会将他们全部活埋，进而除掉自己。千钧一发之际，尉迟恭等人激愤地表示："我们不能留在大王这儿，陪着挨杀！"长孙无忌等人也认为，是太子他们先不仁，那秦王也可不义，应该想好对策，先除掉太子和齐王二人。在众人的强烈要求下，李世民听从劝告，决定先下手为强。

当天夜里，李世民进宫把太子和齐王计谋害他的事告诉了唐高祖。唐高祖答应等明天一早就叫兄弟三人一起进宫，由他亲自查问。第二天早上，李世民先派长孙无忌和尉迟恭带一支精兵埋伏在皇宫北面的玄武门，只等建成、元吉进宫。没多久，建成、元吉骑着马朝玄武门而来。二人到了玄武门边，觉得周围的气氛有点反常，心里犯了疑。两人急转马头，准备回去。这时李世民从玄武门里骑着马赶了出来，高喊："殿下，留步！"李元吉转过身来，拿起身边的弓箭就想射杀李世民，但是心里一慌张，连弓弦都拉不开来。李世民眼明手快，射出一支箭，先把建成射死了。紧接着，尉迟恭一箭，把元吉也射下马来。李世民随即领兵回府。东宫和齐王府的将士听说玄武门出了事，全部出动，猛攻秦王府。李世民一面指挥将士抵抗，一面派尉迟恭进宫。

唐高祖正在皇宫里等着三人去朝见。尉迟恭手拿长矛气吁吁地冲进宫来，说："太子和齐王发动叛乱，秦王已经把他们杀了。秦王怕惊动陛下，特地派我来护驾。"高祖这才知道外面出了事，吓得不知道该怎么办才好。宰相萧瑀等说："建成、元吉本来没有什么功劳，两人妒忌秦王，施用奸计。现在秦王把他们消灭了，这是好事。陛下把国事交给秦王，就没事了。"到了这步田地，唐高祖要反对也没用了，只好听左右大臣的话，宣布建成、元吉罪状，命令各府将士一律归秦王指挥。两个月之后，唐高祖退位，李世民即位。这就是历史上著名的"玄武门之变"。

李世民最终登上了皇帝的宝座。可"玄武门之变"给他的一生添上一个重重的污点，甚至一些学者认为李世民杀兄弑弟、逼父退位，是个不折不扣的小人。但是我们不能否认，李世民在位的二十三年间，唐朝国力强盛，经济稳定发展，社会安定，政治清明，人民富裕安康，社会出现了空前的繁荣。

微阅读

唐太宗李世民（599—649），唐朝第二位皇帝。他是中国历史上最出名的政治家与明君之一。他任贤纳谏，发展经济，开创了"贞观之治"，为后来的"开元盛世"奠定了重要基础。

松赞干布

统一青藏高原

黠虏生擒未有涯，黑山营阵识龙蛇。自从贵主和亲后，一半胡风似汉家。（唐·陈陶）

松赞干布出生时，吐蕃王朝的都城还在雅鲁藏布江南岸的泽当，三岁的时候，他的父亲朗日松赞就率兵灭掉了北方的苏毗部落，初步统一了西藏高原。朗日松赞也由一个山南地方的小邦首领一跃成为吐蕃各部的君长。松赞干布从小受到了良好的家庭教育和严格的训练。受父亲的影响，少年时代的松赞干布就已显现出非凡的才能，他精通骑射、角力、击剑，武艺出众，又爱好民歌，善于吟诗，被人们称为文武全才的王子。

但是在松赞干布十三岁时，父亲被仇人毒死，父亲的一些部下和母亲诸族一起举兵叛变，工布、达波、娘波等地也被叛乱者占据。不仅如此，西部的羊同部落乘势入侵。雅鲁藏布江北岸的苏毗旧贵族也纷纷向吐蕃进兵发难。松赞干布在这种内困外扰的严峻形势下继承了赞普位。他依靠新兴势力，征集了万余人，组成了一支精锐的队伍。经过三年征战，平定了内部叛乱，稳定了局势，再次恢复了吐蕃的统一。

632年，松赞干布率部渡过雅鲁藏布江，把都城迁到位于拉萨河畔的逻些（今拉萨）。迁都以后松赞干布制定了一系列兼并周边诸族的战略方针，先后灭掉了苏毗国和羊同国。接着，松赞干布将党项（古代羌人的一支）和吐谷（yù）浑（古代鲜卑族的一支）

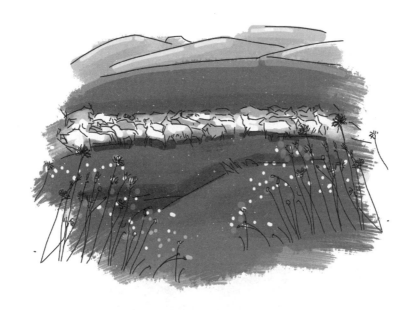

征服。至此，东与大唐的凉山、松潘等州相接，南至婆罗门（印度），强大的吐蕃王朝巍然屹立在青藏高原。

完成西藏的统一之后，松赞干布开始致力于政权建设。他建立了以赞普为中心，完备的高度集权的政治和军事机构。同时，还制定法律、税制，任用贤明的大臣，采取许多措施鼓励百姓学习和运用先进生产技术，发展农牧业生产，使吐蕃的社会经济和人民生活迅速发展起来。他还派人到印度求学，创制出了藏族自己的文字——藏文，为民族间经济、文化交流和藏民族文化的保存、传承与发展做出了巨大贡献。

松赞干布非常仰慕中原文明，决心同唐朝建立友好关系。唐贞观八年（634），他派出使者赴长安与唐朝通好，并请求和亲。当时唐太宗没有同意。后来松赞干布几次派人向唐朝请求和亲也未能如愿，便决定用武力逼婚。贞观十二年（638）爆发了蕃唐首次战争。贞观十四年（640），松赞干布又派大相禄东赞备厚礼到长安再次向唐太宗请求和亲，这一次唐太宗答应了。第二年，太宗将宗室女文成公主嫁给了松赞干布。

文成公主入藏，对于汉藏两族来说都是一件意义深远的大事。文成公主将佛教和内地各种先进的科学技术和文化带到了高原，进一步促进了西藏经济、文化的发展和交流。

松赞干布的一生，功绩卓著。他统一了青藏高原，建立了强大的奴隶制政权，开辟了藏族历史的新纪元。他促进了吐蕃政治、经济、文化的全面发展，将藏族人民引入团结、繁荣、富强的时代。他迎娶文成公主，沟通了与内地唐朝的友好关系，推动了汉藏民族文化的交流与发展，为后来西藏正式纳入祖国版图和统一多民族国家的建立奠定了坚实的基础。

微阅读

　　松赞干布（约617—650），唐朝时期人，吐蕃赞普（吐蕃君长），在位期间，先后兼并今西藏地区诸部，建成吐蕃奴隶制政权。641年迎娶唐朝文成公主入藏，促进了汉藏两族的民族团结和经济、文化交流。

武则天

工于心计夺天下

君子虽殒，美名不灭。（唐·武则天）

武则天从小聪慧敏俐，极善表达，性格强直。父亲深感她是可造之才，就教她读书识字，使她通晓事理。童年时代，武则天随父母遍游名山大川，自然阅历深厚，见多识广。

贞观十一年（637）十一月，年轻的武则天被唐太宗纳入宫中。太宗见她长得明媚娇艳，楚楚动人，便封她为五品才人，赐号"武媚"。

有一次，武则天听说唐太宗有一匹名叫"狮子骢"的烈马无人能够驯服，便主动对唐太宗说："臣妾能制服陛下的这匹烈马，但需三件器物：一是铁鞭，二是铁锤，三是匕首。我先用铁鞭抽它，如果不服，再用铁锤击它的头，再不服，就用匕首割断它的喉咙。"唐太宗乃爱马之人，对她的驯马方法甚不认同，只觉武才人太过刚强。武则天在太宗身边十多年，并未受到特别的恩宠。

643年，唐太宗病重，太子李治时常进宫看望父亲，与武则天相识并产生爱慕之情。649年太宗死后，武则天和其他一些没有子女的妃嫔一起被发送长安感业寺削发为尼。

年纪轻轻的武则天开始了在寺庙里的枯燥生活，但武则天并不甘愿就此打发日子。这时李治已经即位，即唐高宗。作为新即位的皇帝，李治刚开始是没有勇气为了一个女人去挑战伦理道德的，何况他还拥有后宫佳丽三千；再加上他十分敬佩自己的父亲，希望自己也能有一番作为，于是非常勤政，这样自然就把武则天抛到了一边。武则天在郁闷失落中写下了《如意娘》：

看朱成碧思纷纷，憔悴支离为忆君。

不信比来长下泪，开箱验取石榴裙。

武则天买通皇宫里的太监，把这首诗送到了唐高宗的面前。这首诗勾起了高宗对武则天的思念。

650年5月，唐高宗在太宗周年忌日到感业寺进香时，与武则天相遇。两人相见后感慨万千，互诉离别后的思念之情。这一次武则天真的打开了唐高宗的心扉。第二年，高宗便召武则天回宫。武则天深受高宗宠爱，不久便升为昭仪。

从此武则天便开始了她为追求权力而不择手段的后宫生活，迅速打败了王皇后和高宗的宠妃萧淑妃。655年，高宗立武则天为皇后，立武则天的儿子李弘做了太子。她还为高宗出谋划策，罢黜了褚遂良、韩瑗、来济等权倾朝野的重臣，除掉了长孙无忌，帮助高宗基本实现了君主集权，同时彻底打败了自己的反对派。

660年，高宗患上了风疾，身体虚弱，开始让武后处理部分政务，从此，武后开始参与朝政。随着唐高宗病情的加重，武则天独自处理朝政的机会越来越多，在朝廷上就慢慢有了公开的势力。664年，武则天开始垂帘听政。683年高宗去世，中宗李显即位。成为皇太后的武则天并没有满足，她还希望得到更高的权力。690年，武则天废睿宗，自称圣神皇帝，改国号为周，定东都洛阳为神都，史称"武周"。这时已近六十七岁的武则天终于达到了权力的顶峰，开始君临天下，成为中国历史上唯一的女皇帝。

微阅读

武则天（624—705），唐朝人，唐高宗后，中国历史上唯一的女皇帝。名曌，并州文水（今山西文水东）人。

宋太祖
赵匡胤

黄袍加身

将帅权倾皆易姓，英雄时至忽成名。千秋疑案陈桥驿，一着黄袍遂罢兵。（清·查慎行）

959年，后周世宗柴荣病死，年仅六岁的恭帝继位，朝政由符太后主政。就在恭帝即位不久，传来了辽国联合北汉大举入侵后周的消息。

符太后听说此事，毫无主见，茫然不知所措，只能屈尊求救于宰相范质。范质让大将赵匡胤出战迎敌，不料赵匡胤却推托兵少将寡，不能出战。范质只得授予赵匡胤最高军权，由其调动全国兵马。

几天后，赵匡胤统率大军出了京城（今河南开封），行军至陈桥驿（今开封东北）。大军离京城不久，城内便起了一阵谣传，说赵匡胤将做天子。虽是谣言，但朝中文武百官却已慌作一团。赵匡胤此时虽不在朝中，但京城内所发生的一切他都了如指掌，而且这也是在他的计划之内。赵匡胤知道皇帝的心理，就怕自己的江山被人夺走，所以他们疑心很重。这次他故意放出谣言就是为了造成朝廷的慌乱，以便在乱中寻找机会。

一天夜里，赵匡胤突然来到掌书记赵普的营帐里。他随意看了一眼帐内，问道："赵大人，歇息得可好？"

"多谢将军关心。"赵普揣测着赵匡胤深夜造访的含意。

赵匡胤谦虚地说道："我有一件事想请教大人。"

"将军请说，我一定知无不言。"赵普惶恐不安。

"我一直想不明白汉高祖刘邦本是一市井无赖，为什么却得了西汉两百年天下？"

"将军，刘邦本人并无特别才能，只是他手下有一批人，本事很大，刘邦的成功就在于他有驾驭人才的能力。"

赵匡胤故作好奇地问："哦？刘邦手下都有什么人才呢？"

赵普道："文有萧何、曹参，武有韩信、张良。"

赵匡胤道："这萧何——"

赵普不等赵匡胤说完，便接口道："萧何乃刘邦手下第一大谋士。没有萧何，这刘邦是很难得到天下的。"

赵匡胤点点头，留下一句"赵大人倒挺像萧何的"就走了。赵匡胤走后，赵普揣摩起刚才这番对话的深意。

　　当夜，军中起了一阵骚动，人人都在议论，军粮断绝，朝政被奸臣把持拒不发饷。赵匡胤佯醉不起，赵普便提议众将领一起召开紧急会议。

　　第二天一早，赵匡胤被一阵"万岁"声惊醒，大将捧着黄袍，不由分说就披在了赵匡胤的身上，三军高呼"万岁"，响彻云霄。赵匡胤推辞再三，众人以死相胁，赵匡胤顺水推舟，穿上黄袍。随后，率领大军向京城进发。大将石守信、王审琦开城恭候，此二人都是赵匡胤的心腹。赵匡胤进入后宫逼使恭帝禅位。就这样，赵匡胤轻易地夺取了后周政权，改国号为"宋"，建立了赵宋王朝。

　　赵匡胤建立北宋时，天下割据势力林立，赵匡胤采取各个击破的策略，先后攻灭了荆南、湖南、后蜀、南汉、南唐等割据政权，同时又加强了对北方契丹的防御。赵匡胤结束了五代十国时期的大分裂，建立了一个统一的王朝，使饱经战火之苦的民众终于有了一个和平安宁的生产生活环境，为社会的进步、经济的发展、文化的繁荣创造了良好的条件。

微阅读

　　宋太祖赵匡胤（927—976），北宋王朝的建立者。涿州（今属河北）人。出身武将世家。960年，发动陈桥兵变，黄袍加身，代周称帝，建立宋朝，定都开封。

元太祖
成吉思汗

一代天骄

铁木真胸襟开阔，气度恢宏，他用深得人心的公正态度统御他那每天都在膨胀的帝国，高度智慧使他发挥出高度的才能。（柏杨）

成吉思汗出身于蒙古乞颜部贵族世家，他降生时，刚好碰上他的父亲在作战中俘获了塔塔儿部首领铁木真·兀格。按当时蒙古人的信仰，在抓到敌对部落勇士时，如正好有婴儿出生，该勇士的勇气便会转移到婴儿身上，所以成吉思汗的父亲就为他取名为铁木真。

铁木真九岁时，父亲被塔塔儿部落的人毒死了，所谓树倒猢狲散，父亲的部众也相继离散。

在艰难中成长的铁木真越长越有出息。他身体健壮，箭术精湛，还可以轻快地跃上无鞍骏马，在大草原上奔驰。这使得邻近的泰赤乌部的人担心起来，他们怕铁木真长大后会团结旧部，和他们作对。他们商议道："飞禽雏儿有换羽的时候，野兽羔子也有长成的时候啊！"于是决定除掉铁木真。

一天，泰赤乌部纠集了一些人马袭击铁木真的家。他们呼啸而来，一路高喊："抓住铁木真！抓住铁木真！"

铁木真正在附近山坡上遛马，听说仇人要抓他，赶忙飞身上马，往山上的密林深处逃去。仇人看到了他的背影，跟在后面穷追不舍。可是，树林很大，要找到一个小孩子可不容易，他们只能在林外设下埋伏，等铁木真出来。

铁木真在密林中只能采些野果充饥，熬了十几天，饿得实在受不了。他想：与其这样饿死，还不如冒险出去看看。不料，他刚刚从树林中走出，就被设下埋伏的仇人抓住了。铁木真被戴上木枷，拉到各处示众。身为俘虏的铁木真并没有垂头丧气，他装出一副惊慌害怕的样子，任人摆布，暗地里却时刻寻找时机，准备逃脱。

一天晚上，泰赤乌部落举行宴会，人们都喝酒作乐去了，只留下一个少年看守着铁木真。铁木真就故意在屋子里面不断摔打，大喊大叫。那少年不知是计，探头进来，刚刚呵斥一声，就被铁木真用木枷在头上狠命地敲了一下，倒在地上。铁木真跨过他的身体，拼命地逃了出去。

铁木真逃回家中，立即把全家迁到不儿罕山（今肯特山，在现在的蒙古）去居住，躲过了泰赤乌人的迫害。

铁木真长大以后，成了一名智勇双全的骑手，他准备恢复父亲的势力，为父亲报仇。但他知道单凭自己的力量是不能打败仇人的，只有利用蒙古各部之间的矛盾，取得一些部落的支持，才能壮大自己的力量。

铁木真依附了蒙古高原最强大的克烈部首领脱里，并拜脱里为义父。铁木真又与札答阑部首领札木合结为安答（结拜兄弟），逐步发展势力。后来因为铁木真的威望超过了札木合，札木合心怀不满，二人最终决裂。

于是铁木真带着部众来到怯绿连河（今克鲁伦河）上游，独立建帐。他广结盟友，选贤任能，吸引了许多蒙古部众和乞颜氏贵族来投靠，并被推为可汗。铁木真在蒙古高原上迅速崛起，实力也越来越强大。

与此同时，另有十一个部落的首领联合在一起，推选札木合为"天下之汗"，出兵攻打铁木真。铁木真率军迎战，结果札木合的军队大败。铁木真又乘胜进军，征服了许多部落，统一了大半个蒙古。到1204年，铁木真打败了最后的对手——蒙古西部的乃蛮部，完成了统一全蒙古的大业，他的名字震动了整个蒙古高原。

1206年，铁木真在斡难河的源头召集全蒙古的贵族举行大会。在这次大会上，人们推举铁木真为全蒙古的大汗，号"成吉思汗"（蒙古语"海洋"或"强大"的意思）。

微阅读

元太祖成吉思汗（1162—1227），蒙古帝国奠基者、政治家、中华民族乃至世界历史上杰出的军事统帅。名铁木真。1206年，被推举为大汗，建立蒙古汗国。在位期间多次远征，曾占领中亚大片土地。

平民皇帝

明太祖
朱元璋

大肚能容，容天下难容之事；慈颜常笑，笑天下可笑之人。
（明·朱元璋）

朱元璋出身于一个农民家庭，父母都是老老实实的农民。元朝末年政治腐败，人民生活困苦，作为社会最底层的朱元璋一家人生活更是贫寒，朱元璋从小就帮着家里干活。1344年，当朱元璋十六岁的时候，遇上了荒年，再加上瘟疫横行，在短短一个月时间里，他的父亲、母亲和长兄先后去世。孤苦无依的朱元璋为了混口饭吃，进入皇觉寺做了一个小沙弥。但是入寺不到两个

月，因荒年寺租难收，寺院住持封仓遣散了众多的僧人，朱元璋只得离开家乡做起了游方僧。

朱元璋边走边乞讨，听人说哪里年景好就往哪里走。他从濠州向南到了合肥，然后折向西进入河南，到了固始、信阳，又往北走到汝州、陈州等地。1348年，朱元璋回到了皇觉寺。在这流浪的三年中，他走遍了淮西，接触了各地的风土人情，见了世面，开了眼界，积累了社会生活经验。

朱元璋在外云游的三年，也正是元末农民起义风起云涌的时期。社会上广泛流传着"明王出世，普度众生"的说法，北方的白莲教也在进行同样的宣传。朱元璋目睹了朝廷腐败、人民生活恶化的现状，意识到天下大乱很快就会来临了。于是在回到皇觉寺后，朱元璋发奋勤学，广交朋友，准备干出一番事业来。

1352年，郭子兴和孙德崖在濠州起义。朱元璋的好友汤和参加了起义部队，他给朱元璋寄来一封信，劝说朱元璋也参加起义军，一起图大事。刚开始朱元璋很犹豫，毕竟参加起义军是谋反，要是被官府知道，会引来杀身之祸。朱元璋很怕别人告发，整日提心吊胆。恰在此时，朱元璋的师兄悄悄告诉他，说有人知道了此信，要去告密。朱元璋心想横竖都是一死，还不如拼一拼，于是他放下钵盂，赶紧去投奔郭子兴的红巾军。

朱元璋入伍后，因为作战勇敢，而且机智灵活、粗通文墨，很快便得到郭子兴的赏识，被任命为亲兵九夫长。朱元璋打仗时身先士卒，而获得的战利品全部都上交郭子兴，得了赏赐，又说功劳是大家的，还把赏赐分给大家。不久，朱元璋在部队中的好名声传播开来。郭子兴也把朱元璋视作心腹，有重要事情总是和他商量，还把自己的养女马氏嫁给了朱元璋，从此军中改称朱元璋为朱公子。

1355年，郭子兴病逝，朱元璋成为起义军的实际领导人。经过几年努力，朱元璋逐步巩固和发展了自己的根据地，军事和经济实力迅速壮大。1360年，朱元璋开始了与群雄逐鹿中原的战争，1363年灭陈友谅，1367年灭张士诚，降割据浙江的方国珍。至此，朱元璋的队伍已经控制了中国南方大部分地区。随即出兵北伐，与元朝政权进行最后的决战。1368年7月，明朝大军进驻大都，元朝灭亡。

朱元璋在没有任何背景的情况下，通过自己的努力一步一步实现了自己的抱负。朱元璋是中国历史上著名的平民皇帝，他开创的大明王朝也是中国历史上强盛繁荣的时期之一。

微阅读

明太祖朱元璋（1328—1398），明朝的开国皇帝。幼名重八，后改名元璋，濠州钟离（今安徽凤阳县东北）人。少时在皇觉寺为僧。1352年参加郭子兴领导的红巾军，1361年受封吴国公，后自称吴王。1368年在基本击破各路农民起义军和扫平元的残余势力后，于南京称帝，国号明，年号洪武，建立了全国统一的封建政权。

清圣祖
康熙

智擒鳌拜

凡天下事不可轻忽，虽至微至易者，皆当以慎重处之。慎重者，敬也。当无事时，敬以自持；而有事时，即敬之以应事物；必谨终如始，慎修思永，习而安焉，自无废事。盖敬以存心，则心体湛然。（清·康熙）

康熙在1661年登基为皇帝，当时他不足八岁。康熙的父亲顺治皇帝在去世之前，特命索尼、苏克萨哈、遏必隆、鳌拜四个大臣辅佐年幼的玄烨治理国家。当时在这四个辅政大臣中鳌拜的地位最低，但是索尼年老多病，遏必隆生性庸碌，而苏克萨哈曾是摄政王多尔衮的旧属，被朝中大臣猜忌，因此鳌拜得以发展自己的势力。

仗着自己是辅政大臣，又欺负康熙年幼，鳌拜一天比一天猖狂起来。他结党营私，陷害忠臣，还与其他几个辅政大臣为敌。1667年，康熙年近十四。为了遏制鳌拜的势力，索尼上书请小皇帝遵循先帝顺治亲政的先例，开始亲政。于是玄烨于当年七月初七在太和殿举行亲政仪式。

就在康熙举行亲政仪式的前一个月，索尼不幸病逝。没有了索尼的压制，鳌拜的野心进一步膨胀。他为了独揽大权，逼死了另一个辅政大臣苏克萨哈，懦弱的遏必隆也归附了鳌拜，这样，鳌拜的势力再也没有人能对抗。虽然康熙已经亲政，但鳌拜根本不把他放在眼里，并不想归政于他。鳌拜把持了议政王大臣会议和六部的实权，任何人都没有勇气对他提出异议。

　　面对鳌拜的威胁，年少的康熙决心除掉他。但是朝中大臣大都依附了鳌拜，行动稍有不慎，就会打草惊蛇，酿成哗变。康熙决定明修栈道，暗度陈仓。于是他装作酷爱玩耍，对于政事很不感兴趣的样子。他挑选了一批身强力壮的侍卫，天天和他们一起玩类似于摔跤的一种布库戏，即便是鳌拜进宫奏事，康熙也照常同小侍卫们戏耍，从来不回避。鳌拜见了，以为皇帝年少，沉迷于游戏，不免暗自高兴。于是鳌拜入宫从来不戒备。

　　康熙每天看似在和侍卫们玩摔跤，实际却是在训练侍卫们的擒拿技能。他在等待一个时机，准备一举清除鳌拜集团。

　　经过两年多的训练，侍卫们的擒拿技术已非常高超，大家一个个摩拳擦掌，准备一显身手。康熙先将鳌拜的亲信派往各地，又让自己的亲信掌握了京师的卫戍权。一切安排妥当，康熙准备收网了。

　　这天，康熙在武英殿布下天罗地网，就等着鳌拜的到来。康熙让索尼之子索额图在大殿门外站岗，当鳌拜觐见的时候，索额图让他交出武器。鳌拜大意了，心想：一个小皇帝能把我满洲第一勇士怎么样呢？于是交出了随身的佩剑。进入武英殿后，康熙一声令下："赐座！"于是侍卫们给鳌拜搬上来一把做了手脚的椅子。这把椅子的一条腿是锯断后又简单黏合的。

　　鳌拜坐下之后，由布库少年乔装成的太监给鳌拜送来了茶水，盛茶的茶杯已经在开水中煮了一个多时辰，十分烫手。鳌拜端过茶杯，只觉非常烫手，情急之下想要把茶杯摔了，但又不敢冲着皇帝，于是鳌拜将身子侧向一边。这时，椅子后面的布库少年用力一推椅子，使鳌拜连同茶杯一起摔到了地上。布库少年大喊："快来救鳌少保！"这时早已埋伏好的十几个布库少年一拥而上，将鳌拜压在地上不能动弹。鳌拜被弄得不知所措，还来不及反抗，侍卫们早已迅速地把他绑成了肉粽。

这时，一直静静坐在龙椅上的康熙站了起来，拿起早已经准备好的诏书，宣读鳌拜的三十条罪状。然后康熙立即下令议政王大臣等审理鳌拜的罪行，抓捕鳌拜的同党。

铲除了鳌拜集团的康熙，开始了真正的亲政。康熙以他的智慧和勇气让全国为之震惊，朝廷中的大臣们再也不敢小看这个年少的皇帝了。康熙在执政期间，励精图治，重视教育，发展经济，开创了中国历史上又一盛世——康乾盛世。

微阅读

清圣祖康熙（1654—1722），名爱新觉罗·玄烨。在位六十一年（1661—1722），是中国历史上在位时间最长的皇帝。康熙治国有方，勤政爱民，堪称一代明君。他奠定了清朝兴盛的根基，开创了康乾盛世的局面。

赠人玫瑰 手留余香

懂得付出，感恩收获，
让人生充满芬芳，
充满力量。

李鸿章　投靠师门受教益

出水芙蓉，光华夺目，曾几何时无复当初颜色？苍松翠柏，视似平常，而百年不谢也。（清·李鸿章）

1823年2月15日，李鸿章出生于合肥县东乡（今属合肥瑶海区）磨店，他的父亲是道光年间的进士，所以李家在当地也是很有名望的。李鸿章六岁就进入家馆棣华书屋学习。他天资聪慧，先后拜李仿仙和合肥名士徐子苓为师，攻读经史典籍。

1844年，李鸿章进京城赶考，但是这次他却没能考中。父亲就命他去投奔曾国藩。曾国藩和李鸿章的父亲是同年的进士，交情颇深。曾国藩见李鸿章一表人才，言谈举止都很得当，心中就很喜欢。李鸿章跟着曾国藩学习经世之学，奠定了他一生事业和思想的基础。

1847年，李鸿章再次参加会试，这一次他金榜题名中了进士，从此步入仕途。1853年，李鸿章奉命回家乡办团练，镇压太平天国。

李鸿章这时只是一个舞文弄墨的书生，他在安徽多次带兵与太平军作战，常常吃败仗。有人因此挖苦李鸿章是"翰林变绿林"。1859年，走投无路的李鸿章再一次投靠老师曾国藩。

李鸿章在曾国藩的幕府里管理军营里的一些事务和负责起草文书。曾国藩带领的湘军有严格的规矩，天没有亮就得吃早饭，有仗打仗，不打仗的时候就操练，不容许睡懒觉。幕府跟军营一样，也要严格遵守规矩。曾国藩自己以身作则，每天都很早起床和幕僚们一起吃早饭。

李鸿章性格疏懒，不拘小节，在幕府里待了很久后，还是不能习惯天不亮就起床吃早饭的规定。曾国藩虽然赏识李鸿章的才能，但对他懒散的性格却很不喜欢。

一天，军营和往常一样，早早放炮吃饭。李鸿章听见炮响，还是继续睡觉。一会儿，亲兵便来敲门叫起床，李鸿章正睡得香甜，哪里愿意出被窝，于是他借故不起。一连三天都是这样，曾国藩看在眼里，默不作声。

第四天，天还没亮，亲兵又来敲门了。李鸿章烦躁地喊："我病了，不吃饭！"过一会儿，一幕僚来敲，李鸿章仍不起。又过一会儿，曾国藩的亲随来敲门了："李翰林，请起床吃早饭！"李鸿章生气地说："告诉你们我病了，为什么三番五次总来喊？"这个亲随在门外说："曾大人说，有病也得起来，大家等你去后再用餐。"

李鸿章一听，心里有些害怕，赶紧从床上起来，穿戴整齐，快步走向大厅。曾国藩瞟了李鸿章一眼，面色严峻，没有说话，他端起碗吃饭，幕僚们跟着端起碗来，席间没人敢说一句话。吃完饭后，曾国藩放下碗筷，一字一句地说："少荃，既到我这里来，就要遵守我的规矩。此间所尚的，唯一'诚'字而已！"说完就起身走出餐厅，看也不看李鸿章一眼。李鸿章呆坐在板凳上，半天也没敢作声。

从那天起，李鸿章一改懒散习气，每天都按时起床。他后来回忆说："在营中时，老师总和我们同时吃饭，饭后便围坐一起谈经论史，都是对学问事业有益的。吃一顿饭，胜过上一回课。"

在曾国藩的谆谆教导之下，后来李鸿章成为晚清的第一重臣，实际掌管了清朝的外交、军事、经济大权。

微阅读

李鸿章（1823—1901），清朝末年人。字少荃，安徽合肥人。他是晚清重臣，官至直隶总督兼北洋大臣，授武英殿大学士、文华殿大学士。他还是北洋海军创建者、洋务运动的主要倡导者。著有《李文忠公全集》。

胡雪岩 人生第一次机会

说话要言行一致，行为要表里如一。做人要前后一致，做事要大小如一。（清·胡雪岩）

胡雪岩小时候家里很穷，作为长子的他为了帮着父母养家，很小的时候就开始帮人放牛。

十三岁那年，一天下午，胡雪岩像往常一样到坡上放牛。他把牛赶到草地上吃草，自己便去路边的一个凉亭里休息。走进亭子，他发现亭子里没有人，地上却有一个挺大的蓝布包袱。他走上前伸手摸了摸包袱，硬邦邦的，又掂了掂，分量很重。他不禁

好奇，想看一看里面到底是什么东西，于是打开了包袱。这一看不要紧，却着实把胡雪岩吓了一跳：包袱里面全是银子。

胡雪岩愣了一会儿才定下神来，他想到失主丢了这么多钱，现在一定是着急得要命，肯定在四处找寻这个包袱，便决定原地等待失主。

为防止别人冒领，聪明的胡雪岩先把包袱藏到草丛里面，然后好像没事儿一样，坐在亭子里等待失主。一直等到太阳快下山了，终于，有个人神色慌张地跑了过来，开口就问："小哥，你有没有看到我丢的东西？"胡雪岩并未直接回答，而是很沉稳地反问："您丢了什么？"那人说："丢了一个蓝色的包袱。"胡雪岩听他这么说，才继续问他："里面都有些什么东西？"

那人忙把里面的东西一一说来。胡雪岩见他说得分毫不差，确认他就是失主，将包袱取出交给了他。

失主找到了包袱，非常感激胡雪岩，就从包袱中拿出两锭银子，对胡雪岩说："这个给你，算是对你的酬谢。"胡雪岩连忙拒绝说："这是您的，我可不能要。"

失主听后大为感动，于是告诉胡雪岩说："我姓蒋，在大阜开有一家杂粮店。你这么好的小孩子在这里放牛可惜了，如果你愿意跟我出去，我收你当徒弟。"

胡雪岩并没有当场答应，他说："我得回去问问母亲。如果母亲同意，我当然乐意跟您去。"

蒋老板一听，更是觉得这个小孩不仅诚实，还十分孝顺，这个徒弟他收定了，就说："好好好，我把地址留给你，如果你跟母亲谈妥了，就来找我。"

胡雪岩回家以后，把整个经过告诉了母亲。母亲听后十分高兴，儿子有这么好的机会当然要去，这是求之不得的好事情。于是胡雪岩独自一人离开故乡，到大阜找到蒋老板，开始了学徒生涯。

此后，胡雪岩在几十年里，凭着不懈的努力和非凡的才能，成为一代豪商。他精心创下的国药老店胡庆余堂，至今仍以其"戒欺"和"真不二价"的优良传统矗立在杭州河坊街上。

微阅读

胡光墉（1823—1885），字雪岩，安徽绩溪人，一说浙江仁和（今杭州）人。著名徽商，被誉为"红顶商人"。最初在杭州开设银号，经理官库银务。后为湘军办理后勤，以精通洋务著称。1866年协助左宗棠创办福州船政局，主持上海采运局局务，在各省设立阜康银号二十余处，并经营中药、丝茶业务，操纵江浙商业，资金最高达二千万两以上，人称"为官须看《曾国藩》，为商必读《胡雪岩》"。中法战争爆发后，受洋商倾轧破产，1885年客死杭州。

蔡元培

幸遇良师

　　要有良好的社会，必先有良好的个人；要有良好的个人，必先有良好的教育。（蔡元培）

　　蔡元培四岁启蒙，入家塾读书。后来，为了在科举考试中取得好成绩，家里人将他送到离家半里地的探花桥，跟从王子庄先生读书。王子庄是个秀才，他的私塾就是专门指导学生写八股文（科举考试规定的文体）的。

　　王先生指导学生做八股，并不用许多教条来束缚学生，只是让学生自己先做，有不对的地方，就把学生叫到跟前，把错在哪里跟学生讲清楚，让学生自己想一想之后，再决定如何修改。这不仅可以有效提高学生的写作水平，也可以养成学生独立求索的习惯。蔡元培读书喜欢自己找来参考书寻求解答，和这位老师的熏陶是分不开的。

　　因为八股文的形式和内容都有非常严格甚至死板的要求，是不允许自由发挥的，王先生禁止学生看杂书。不过，对于课业完成得很好的学生，王先生也是比较宽松的。

　　一次，蔡元培从同学那里借来一部《三国演义》，看得很起劲，却被王先生发现了。他认真地说："这种书现在看不得，就是将来中了秀才，也只可以看一看陈寿的《三国志》。"说完，并没有收缴这本"杂书"。偶尔看见蔡元培还在偷看"杂书"，也只当作不知道。

王子庄的开明在当时十分了不起，所以蔡元培多年后提起，还说"受教四年，虽注重练习制艺，而所得常识亦复不少"。也就是少年时期的这一段学习经历，为蔡元培以后的教书育人奠定了基础。

微阅读

蔡元培（1868—1940），民主革命家、教育家。字鹤卿，号孑民，浙江绍兴人。1902年发起组织中国教育会，创办爱国学社和爱国女学，宣传民主革命思想。1905年参加同盟会，为上海分会会长。1912年任南京临时政府教育总长。1917年任北京大学校长，革新北大，开"学术"与"自由"之风，使北大成为新文化运动的发祥地。一生为民主革命、教育事业奔走，影响巨大。著作编为《蔡元培全集》等。

竺可桢 "浙大保姆"

教育的发达，学风的优良，在人不在屋，所谓"斯是陋室，惟吾德馨"。（竺可桢）

1918年，二十八岁的竺可桢以优异的成绩获得了哈佛大学的博士学位。他怀着"科学兴国"的理想回到了祖国。不久，竺可桢受蔡元培先生委托，开始专心筹建气象研究所，这让竺可桢觉得他终于可以全身心地投入到自己钟爱的气象事业中了。直到1936年受命担任浙江大学校长之前，他都一直是以气象学者的身份为人所知。

1935年冬，波及全国的"一二·九"运动爆发。浙江大学的学生也积极响应，并发动了近万人参加抗日示威游行。当时，浙大校长郭任远竟然招来军警镇压学生，他的这一举动非但没能阻止学生们的爱国行动，反倒让学生们积压已久的愤怒如火山一样迸发出来。学生们纷纷罢课，发表驱除郭任远的宣言。很多教员也支持学生们的行为，要求撤换校长。

蒋介石眼看学生们的愤怒难以消除，只得同意更换校长，有人向他推荐了竺可桢。

1936年2月，竺可桢正式接到通知，一个星期之后，蒋介石要找他谈话，这让竺可桢感到有些不安。他立即去找蔡元培请教，蔡元培建议他见面时予以婉拒。

蒋介石约见竺可桢时，没谈几分钟就提出了浙大校长这个话题。竺可桢的心里一百个不愿意，但是也没有当面拒绝，他只说要

回家商量一下。

　　竺可桢不愿意接受浙大校长的职务，主要是因为他丢不下气象研究所的工作。从创办研究所以来，一直都是他担任所长，现在刚有起色，他实在不愿分散精力，更不愿牺牲自己的科学理想。

　　竺可桢回家后，闷闷不乐，他的夫人张侠魂看他这样为难，就鼓励他出任校长。她认为，现在的大学教育问题很多，风气不正，如果竺可桢出任浙大校长，正好可以为整顿教育、转变学风做一点实事。竺可桢觉得夫人的话很有道理，经过再三考虑，他决定接任浙大校长职务。但是他也提出了自己的几点要求，其中一点是"时间以半年为限"。

　　1936年4月，竺可桢正式出任浙江大学校长。可能连他自己都没有想到，他这个校长一当就是十三年。

　　在当时时局动荡的情况下，竺可桢排除各种政治力量的影响，坚持学术独立、教育独立，有力地维护了学术和教育的尊严。有人这样评价竺可桢对浙江大学的贡献："以自己的人格、理想和才干为浙大营造了相对安定的学术、教育氛围。"

竺可桢六十岁时，浙江大学的学生们送来锦旗，上写"浙大保姆"。寥寥四个字，却道出了浙大学子们对这位老校长的无限爱戴。

微阅读

竺可桢（1890—1974），气象学家、地理学家、科学史家和教育家。字藕舫，浙江绍兴人。哈佛大学博士。他先后创建了中国大学中的第一个地学系和中央研究院气象研究所。担任浙江大学校长十三年，被誉为"中国高校四大校长之一"。

丰子恺 放生趣闻

只有儿童天真烂漫，人格完整，这才是真正的人。（丰子恺）

丰子恺先生笃信佛教，是一位虔诚的居士。这既是受了恩师弘一法师的影响，也与父亲的熏陶分不开。他父亲丰斛泉为人平易可亲，以助人为乐。邻里亲朋凡有婚丧之事，都请他撰联题书。他也为人代笔书信或代书契约等，从来都不计较酬金。

丰斛泉一次为渔人代笔，知道渔人穷苦，便没有接受酬金，渔人送来大小水鱼七只（水鱼即是鳖）以示答谢。当夜，他梦见七位穿着裙子的女人向他跪拜求救。丰斛泉猛地醒来，深感梦境奇怪，反复思量，不得其解。检点平日自己所作所为，也没有于心有愧之事，但是梦境使

他整日坐立不安。傍晚，他忽然悟到水鱼四周有一圈软皮，俗称作"裙"，一定是七只水鱼托梦向他求救。想到这里，丰斛泉立即把七只水鱼送到河边全部放生。

丰子恺幼承家教，在作为佛教居士之后，更加看重放生。有一次，丰子恺先生从石门湾携带一只鸡，要到杭州云栖放生，但是他对鸡也起了恻隐之心，不忍心像常人一样将鸡脚捆起来倒提着，于是撩起自己的长袍把鸡放在里面，外面用手兜着。他一路由石门湾乘船经崇德，到长安镇转乘火车。他用手兜着的布长袍里面鼓起了一团东西，看上去很可疑，因此在长安镇火车站引起了一个便衣侦探的怀疑，便一直跟踪着，同车到达杭州。一出站便衣侦探便把他

捉住，恰巧站外早有人迎候丰子恺，于是彼此说明原委，侦探才知跟错了人。丰子恺捧着要放生的母鸡，引得在场众人大笑不已。

微阅读

　　丰子恺（1898—1975），画家、文学家、美术教育家、音乐教育家。浙江桐乡人。他是一位卓有成就的文艺大师，他的文章风格雍容恬静，漫画多以儿童生活作为题材，幽默风趣，画风朴实。作品有《丰子恺漫画》《音乐入门》《缘缘堂随笔》等。

人生也会有遗憾

月有阴晴圆缺，
人生难免也有看不到的风景。
也许正是人生的遗憾，
才换来别样的精彩。

孔子 周游列国

三人行，必有我师焉；择其善者而从之，其不善者而改之。
（春秋·《论语》）

孔子是我国历史上的大思想家，被尊为"孔圣人"。但是他的思想在当时并没有得到自己国君的重视，也因此有了历史上的孔子"周游列国"。

孔子在二十多岁的时候就有很大的抱负，他希望走上仕途，所以对于天下大事一直非常关注，经常思考治理国家的诸多问题，也常发表一些见解。到三十岁的时候，孔子就已经有些名气了。

鲁昭公二十年（前522），齐景公出访鲁国时召见了孔子，并与他讨论秦穆公称霸的问题。鲁昭公二十五年（前517），鲁国发生内乱，鲁昭公被迫逃往齐国，孔子也离开鲁国到了齐国。齐景公很赏识孔子，准备把尼溪一带的田地封给他，但被大夫晏婴阻拦了。更糟糕的是，齐国的大夫想加害孔子，孔子只好仓皇逃回鲁国。

当时的鲁国，政权实际掌握在大夫的家臣手中，被称为"陪臣执国政"，因此孔子虽有过两次从政机会，却都放弃了，直到鲁定公九年（前501）被任命为中都宰，此时孔子已五十岁了。孔子治理中都（今汶上县）一年，卓有政绩，被升为小司空，不久又被升为大司寇，摄相事，鲁国大治。鲁定公十二年（前498），孔子为削弱三桓（春秋后期掌握鲁国政权的三家贵族。即孟孙氏、叔孙氏、季孙氏。因三家俱出自鲁桓公，故称"三桓"）势力，采取了隳（huī）三都的措施（即拆毁三桓所建城堡）。可惜隳三都的行动半途而废，孔子与三桓的矛盾也随之暴露。后来，齐国送了八十名美女到鲁国，季孙氏接受了女乐，君臣迷恋歌舞，多日不理朝政，孔子感到非常失望。而不久鲁国举行郊祭，祭祀后按惯例送祭肉给大夫们时并没有送给孔子，这表明季孙氏不想再任用他了，孔子在不得已的情况下离开鲁国，开始了周游列国的旅程。

孔子带着弟子首先到了卫国。卫灵公很敬重孔子，按照鲁国的标准给孔子发放俸禄，但是并没有给孔子任何官职，也就是并没有让他参与政事。

不到一年，就有人在卫灵公面前进谗言，卫灵公因此对孔子有了疑心。于是，孔子带着自己的弟子离开卫国，打算去陈国。

就在他们路过匡城时，因误会被人围困了五日。等终于逃离匡城，到了蒲地，又碰上卫国贵族公叔氏发动叛乱，众人再次被围。逃脱后，孔子返回卫国，卫灵公听说孔子师徒从蒲地返回，非常高兴，亲自出城迎接。此后，孔子几次离开卫国，又几次回到卫国，这一方面是由于卫灵公对孔子时好时坏，另一方面是孔子离开卫国后，没有去处，只好又返回。

鲁哀公二年（前493），孔子再次离开卫国经曹、宋、郑至陈国，在陈国住了三年。后来，吴国攻打陈国，兵荒马乱，孔子又不得不带着弟子离开。楚国人听说孔子到了陈、蔡交界处，派人去迎接孔子。陈国、蔡国的大夫们知道孔子对他们的所作所为有意见，怕孔子到了楚国被重用，对他们不利，于是派服劳役的人将孔子师徒围困在半道，前不靠村，后不靠店，所带粮食吃完，绝粮七日，最后还是子贡找到楚国人，楚国派兵迎孔子，师徒一行才幸免一死。

孔子六十七岁时，在其弟子冉求的努力下，被迎回鲁国，但仍和以往一样，当权者虽然对他尊重有加，却一直没有给他从政的机

会。孔子于是更专注于讲学，从而才有了三千弟子、七十二贤士，才有了光耀千秋的《论语》。

微阅读

　　孔丘（前551—前479），春秋末期思想家、政治家、教育家，儒家学派创始人。名丘，字仲尼，鲁国陬（zōu）邑（今山东曲阜东南）人。其学说以仁为核心。孔子被奉为圣人，孔子学说是两千余年中国传统文化的主流，影响深远。

项羽

悲剧英雄

生当作人杰，死亦为鬼雄。至今思项羽，不肯过江东。（南宋·李清照）

秦朝末年，政治腐败，社会黑暗，人民生活在水深火热中。前209年陈胜、吴广在大泽乡振臂一呼，全国上下群雄并起。项羽与叔父项梁举兵响应。

前207年，项羽率六万楚地义军与秦王朝的二十万大军在巨鹿（今河北平乡）展开了一场中国历史上著名的以少胜多的战役——巨鹿之战。项羽军队破釜沉舟，经过九次激战终于打败秦军。

项羽的威名在巨鹿之战后达到了顶点。战后项羽请各路将领到营中相见。众人一进入辕门便跪地前行，不敢抬头仰视项羽。大家都颂扬项羽说："上将军的神威真了不起，从古至今没有第二人。我们情愿听从您的指挥。"从此项羽成为各路起义军的领袖。

这时，另有二十万秦军退至棘原（巨鹿南），项羽军驻漳水之南，两军对峙。秦军将领章邯因为不满赵高专权，又迫于项羽大军的沉重打击，于前207年7月在殷墟（今河南安阳）率大军投降。令人意想不到的是，11月，项羽率军行至新安，担心降军生变，在城南将二十万降兵全部坑杀。这一举动，令天下人都为之一震，人们都认定项羽"残忍有余，仁善不足"。

在巨鹿之战的同时，刘邦攻入咸阳，秦王子婴出城投降，盛极一时的秦朝灭亡了。刘邦首先进入咸阳引起项羽的极大不满，于是率军破关而入，进驻鸿门（今陕西西安东北）。后来便有了著名的鸿门宴。鸿门宴上，项羽的谋士范增几次暗示项羽杀死刘邦，项羽却优柔寡断，被刘邦借故逃脱。

不久项羽引军进入咸阳，"杀秦降王子婴，烧秦宫室，火三月不灭；收其货宝妇女而东"（《史记·项羽本纪》）。这与刘邦不杀子婴，约法三章，不扰秦人，而且退出秦王宫，还军霸上的做法形成了鲜明的对比。项羽纵容部下烧杀掠夺，让很大一部分人对他失去了信心。特别是秦国的老百姓，本来还在为残暴的秦王朝的灭亡而庆贺，却又马上被楚霸王的军队伤透了心。

项羽攻入咸阳后，有人劝他说"关中四周有山川和河流作为屏障，地势肥沃，可以以此作为根基称霸"。但是项羽却一心留恋楚地，说什么"人富贵了不回到故乡，就好像穿着好衣服在夜里行走一样（锦衣夜行），谁能知道呢？"劝者见项羽目光如此短浅，忍不住叹息道："人们说楚人'沐猴而冠'，只图虚名，果然是这样的啊。"项羽大怒，杀掉了这个人。

在随后长达五年的楚汉之争中，项羽虽然也在多次战役中打败过刘邦，但终因薄情寡义、残暴武断失掉了军心、民心，于前202年10月被刘邦围困在垓下。项羽突围，被追至乌江，穷途末路，自刎身亡。

微阅读

西楚霸王项羽（前232—前202），秦朝末年人，名籍，字羽，下相（今江苏宿迁）人。秦末随项梁起义反秦，在前207年的巨鹿之战中大破秦军主力。秦亡后自立为西楚霸王，并大封诸侯王。后在楚汉之争中被刘邦击败，最后在乌江（今安徽和县）自刎。项羽被称为中国历史上最为勇猛的将领之一，"霸王"一词，专指项羽。

华佗 《青囊经》失传

治病须分内外科，世间妙艺苦无多。神威罕及惟关将，圣手能医说华佗。（元末明初·《三国演义》）

华佗生活的东汉末年，社会动荡，封建官僚们为了扩大自己的势力，不断发动战争，百姓们流离失所，生了病也无钱医治，不少人贫病而死。医术高明的华佗立志以自己的医术来解除人们的痛苦，于是他深入民间，足迹遍及江苏、山东、安徽、河南等地，深得老百姓的信任和爱戴。

此时的丞相曹操患有头风病，发病时头部会剧烈疼痛。曹操身边的医生都不能治好他，这时有人向他推荐了华佗。曹操也素闻华佗医术高明，于是就召华佗前来给自己看病。擅长医治疑难杂症的华佗在曹操发病时用针灸给他止痛。经过华佗的诊治，曹操的头痛果然减轻了不少，于是曹操就让华佗留在自己的身边，做他的专用侍医。这对将以医济世作为终身抱负的华佗来说，要他隔绝百姓，专门侍奉一个权贵，自然是不愿意的。

华佗长期远离家乡，想回去看看，就对曹操说："刚收到家中来信，想回家看看。"曹操信以为真，便同意了华佗的请求。华佗回家之后就不再回许昌，即使假期结束了，他也不愿回去。曹操的头风病时常发作，多次写信催华佗回来，还曾命令郡县官员将华佗遣送回来，但是华佗就是不肯回许昌，还以妻子病了，没人照料为由请求延长假期。

　　曹操见华佗一再违背自己，不禁恼羞成怒。曹操派人去查验华佗的妻子是否真的生病了，并下令：如果华佗的妻子真的生病了就放宽假期；如果他虚假欺骗，就逮捕押送他回来。被派去查看的专使发现有假，便将华佗抓起来，押解到了许昌，投入监狱。曹操这时已经被华佗激怒了，他想要杀死华佗，虽然有人出来为华佗求情说："华佗医术高超，世间少有，天下人命所系重，望能予以宽容。"但是曹操一意孤行，判决华佗死罪，下令在狱中处死华佗。

　　华佗知道自己将被处死，仍不忘济世救民，临死前他拿出一卷医书给守狱的官吏，说："这本书流传在世上，可以救活很多的人。"这本医书就是华佗的毕生心血《青囊经》，书里主要记录了他在行医过程中遇到的一些疑难杂症和医治的方法。但是狱吏胆小，不敢接受。华佗无奈，悲愤之余，要来火种将《青囊经》一焚了之。

华佗的医术和著作虽然没能保存下来，但是他对中医学的发展做出的贡献是不可磨灭的。他的名字和事迹永远为人们所怀念。

微阅读

华佗（？—208），东汉末年名医、医学家。字元化，沛国谯（今安徽亳州）人。他尤其擅长外科，精于手术，被后人称为"外科圣手""外科鼻祖"。他曾用"麻沸散"使病人麻醉后施行剖腹手术，是世界医学史上应用全身麻醉进行手术治疗的最早记载。又仿虎、鹿、熊、猿、鸟等禽兽的动态创作"五禽戏"，教人们强身健体。现存医书《中藏经》为后人托名之作。

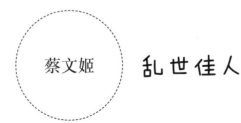

蔡文姬

乱世佳人

蔡女昔造胡笳声，一弹一十有八拍。胡人落泪沾边草，汉使断肠对归客。（唐·李颀）

蔡文姬出身于一个文化家庭，父亲蔡邕是中国历史上大名鼎鼎的文学家和书法家。蔡文姬从小受到父亲的影响，既博学能文，又善诗赋，而且很小的时候就表现出了在音乐方面的天赋。她跟随父亲学习琴艺，赢得了父亲最珍爱的焦尾琴。小小年纪，蔡文姬在书法上又得到了蔡邕的真传，名气很大。

可蔡文姬的人生并不像她的出身那么幸运。十六岁时，蔡文姬远嫁河东卫家。卫家当时是河东世族，她的丈夫卫仲道是大学出色的士子，夫妇两人非常恩爱。可惜好景不长，不到一年，卫仲道便咯血而死。因为两人没有儿女，卫家的人又嫌她克死了丈夫，才高气傲的蔡文姬不顾父亲的反对，毅然回到娘家。

当时正值东汉末年，政局动荡，董卓进军洛阳，把持朝政。董卓为巩固自己的统治，刻意笼络在京城很有名气的蔡邕，将他一日连升三级。后来董卓被杀，蔡邕也被收押廷尉治罪，最终死在狱中。蔡邕死后，蔡文姬的生活顿时陷入了困境，还来不及悲伤，她又遭遇了一个更加残酷的打击。

董卓死后，羌胡番兵趁汉朝局面混乱，伺机掠掳中原一带，许多妇女被掳去匈奴。蔡文姬就是这些妇女中的一个。

不久，蔡文姬嫁给了匈奴的左贤王。左贤王非常宠爱蔡文姬，并封她为王妃。蔡文姬虽然无法忘记被俘虏的经历，但是在匈奴的安定生活多少也让她的心里得到了些安慰。她为左贤王生下了两个孩子。她还学会了吹奏胡笳，学会了一些异族的语言。蔡文姬很思念自己的故乡，但她明白

自己的丈夫和孩子都在匈奴，自己的家也就在匈奴，她也许永远也不能回到中原了。

后来，挟天子以令诸侯的曹操得知蔡邕唯一的女儿蔡文姬流落南匈奴，感念蔡邕当初与自己的交情，就派周近做使者，携带黄金千两、白璧一双，到胡地去赎蔡文姬归汉。这一年蔡文姬三十五岁。

背井离乡多年是痛苦的，可现在要离开对自己宠爱有加的左贤王和两个天真无邪的孩子，真是不知该悲还是该喜。蔡文姬柔肠寸断，泪如雨下。在汉使的催促下，她恍恍惚惚登车而去。在磷磷的车轮声中，十二年的生活点点滴滴注入心头，蔡文姬一唱三叹写下了乐府歌辞《胡笳十八拍》。

一路艰辛，蔡文姬终于回到了中原。曹操看她一个人孤苦伶仃，便把她嫁给了屯田都尉（官名）董祀。董祀一表人才，正当鼎盛年华，通书史，谙音律，自视甚高。他并不满意这段婚姻，然而迫于丞相的授意，只好接纳了蔡文姬。起初的夫妻生活并不十分和

谐，但是蔡文姬却很满足，这一次她真的以为自己可以平静地在故土生活下去了。可婚后第二年不幸的事再次发生了，董祀犯了法，被判了死罪。

不过这一次蔡文姬不再任凭命运捉弄，她毅然前去求见曹操。当时曹操正在大宴宾客，公卿大夫、各路驿使坐满一堂。曹操听说蔡文姬求见，便对在座的人说："蔡伯喈（蔡邕字伯喈）的女儿就在外面，各位都听闻过她的才名，今天让各位见见她吧！"蔡文姬走入殿内，只见她披头散发，光着脚，跪倒在曹操面前为董祀求情。她向曹操磕头请罪，说话条理清晰，话音酸楚哀痛，众人都被她感动了。曹操说："就算真的像你说的那么可怜，但是降罪的文书已经发下去了，怎么办呢？"蔡文姬说："明公您马厩里的好马成千上万，勇猛的士卒不可胜数，还吝惜一匹快马来拯救一条垂死的生命吗？"曹操被她的话感动，于是派人追回文书赦免了董祀的罪。

董祀出狱后感念妻子的救命之恩，对蔡文姬尊重有加。后来夫妻二人退居山林，过起了自由自在的隐居生活。

蔡文姬一生坎坷，但她的才情却流传千古，她创作的《胡笳十八拍》和《悲愤诗》都是历史上非常著名的叙事诗。

微阅读

蔡文姬（生卒年不详），东汉末年人，中国历史上著名的才女。名琰，字文姬，陈留圉（今河南杞县西南）人，大文学家蔡邕的女儿。代表作有《胡笳十八拍》《悲愤诗》等。

李白　赐金放还

　　安能摧眉折腰事权贵，使我不得开心颜？（唐·李白）

　　李白出生于盛唐时期，他性格豪爽，从小就喜欢结交朋友。十六岁时他和当时有名的纵横家赵蕤（ruí）成为朋友。赵蕤曾著成了一部《长短经》，共十卷。在这部书中，他分析天下形式，讲求兴亡治乱的道理。这对李白产生了极大的影响，从此他一心要建功立业。

　　李白在二十岁的时候就离乡出游。他南到洞庭，东至吴越，希望广交朋友，认识社会名流，从而得到引荐，继而实现自己的政治理想。可是，他漫游十年，却一事无成。他曾给当朝名士韩荆州写书自荐，但未得到回复。他又继续北上太原、长安，东到齐鲁各地，并寓居山东任城（今山东济宁）。这时他已结交了不少名流，创作了大量优秀诗篇，诗名满天下了。

　　天宝元年（742），由于玉真公主和贺知章对李白的交口称赞，唐玄宗看了李白的诗赋，对他十分仰慕，于是召李白进宫。四十一岁的李白终于走上了仕途。

　　李白进宫朝见那天，玄宗走下车辇，亲自迎接，并且给了李白极高的待遇，"以七宝床赐食于前，亲手调羹"。当玄宗问到一些当世事务的时候，李白凭借着自己半生饱学及长期对社会的观察，胸有成竹，对答如流。玄宗大为赞赏，随即就封李白做了供奉翰林，职务是草拟文告，陪侍皇帝左右。玄宗每次举行宴会或是郊游时，都会命李白跟随侍从，让他赋诗纪实。李白受到玄宗如此的宠信，同僚不胜艳羡，但也有人因此而产生了嫉恨之心。

　　在长安陪侍君王之外的时间，李白也经常在长安市上行走。他发现国家在繁荣的表象下正蕴藏着深重的危机。专横的宦官和骄纵的外戚如乌云一般笼罩着长安，笼罩着全国，给李白以强烈的压抑感。宦官和外戚的受宠，使李白"大济苍生"的热情骤然冷了下来，李白越来越感觉到仕途似乎与自己的抱负不太一致：他希望用自己的才能安邦定国，但是却最终成为皇帝身边的弄臣。矛盾中的李白在面对玄宗和一些朝廷中的大臣时行为就更加放荡不羁了，很多次玄宗召见他时，他都在酒馆里喝得大醉。

　　一次，玄宗带着杨贵妃在沉香亭内赏花，看着美景，玄宗命人去召李白来赋诗助兴。但这时李白已经醉

得人事不省，人们把他扶上马背，送到宫中，用冷水浇他的头。等酒意稍解，李白提起笔来，一下子写出《清平乐词》三首颂扬杨贵妃和牡丹花，唐玄宗和杨贵妃高兴极了。但是他狂妄的行为却得罪了很多人，翰林学士张坦就曾经诽谤过李白的行为，两人之间也因此产生了一些嫌隙。

朝政的腐败，同僚的诋毁，使李白不胜感慨，他写了一首《翰林读书言怀呈集贤诸学士》表示有意归山。谁料就在此时，因为权贵的排挤，李白被赐金放还，这令李白感到非常意外。

744或745年间，李白离开长安，再次开始了远行，此后他再也没有能回到长安。李白"济苍生""安黎元"的政治抱负和远大的理想最终都没能实现，却留下了千古文章和"诗仙"的美名。

微阅读

李白（701—762），唐朝人，伟大的浪漫主义诗人，有"诗仙"之称。字太白，号青莲居士，自称祖籍陇西成纪（今甘肃静宁西南），幼时随父迁居绵州昌隆（今四川江油）。有《李太白集》传世。代表作有《行路难》《蜀道难》《将进酒》《早发白帝城》等。

杜甫 漂泊的一生

安得广厦千万间，大庇天下寒士俱欢颜！（唐·杜甫）

杜甫出身于"奉儒守官"并有文学传统的家庭中，他的祖父是唐朝著名诗人杜审言。杜甫七岁学诗，十五岁就已经扬名了。

在度过了一段书斋生活后，杜甫于二十岁时开始漫游吴越。他从洛阳出发，遍览了长江流域的秀丽山川，名胜古迹。抱着盛唐时代青年诗人所共有的浪漫情怀，二十四岁的杜甫心高气傲地来到洛阳考进士。可没想到的是，自己竟落选了，这无异于给了他当头一棒。但是，具有坚强性格的杜甫经受住了这次挫折。第二年，他又东游齐赵，并在漫游中结识了李白、高适等大诗人，三人情趣契合，结下了深厚的友谊。

三十五岁时，杜甫来到长安，满怀希望地参加科举考试。当朝宰相李林甫妒忌贤才，总是压制比自己有才能的人，而杜甫参加的这次考试在李林甫的操控下变成了一场骗局。这次应试的所有人包括杜甫在内全部落第，李林甫还以此宣称"野无遗贤"。

这时杜甫的生活日益穷困潦倒，他急于在政治上寻求一条出路，以实现自己的政治抱负。于是，他一再直接向皇帝献赋、上表，希望引起最高统治者的注意，然而他的才华并没有引起重视。杜甫在当权者的冷遇下，困守长安近十年。生活磨砺了杜甫，也成全了杜甫，十年困守，使杜甫变成了一个忧国忧民的诗人。他逐渐打破了对盛世的幻想，"致君时已晚，怀古意空存"，预见到盛世下隐伏的危机，揭露了"朱门酒肉臭，路有冻死骨"的社会现实。

755年，"安史之乱"爆发，杜甫带着家小由奉先往白水，又由白水向陕北流亡。吃野果子、搭窝棚，诗人和流亡的人民一起忍受了国破家亡的痛苦。756年7月13日，太子李亨在灵武（今属宁夏）继位，称肃宗，改元至德。杜甫这时带着家人正在鄜州（今陕西富县一带）。他得知肃宗即位后，便安顿好家人，独身一人离开鄜州，北上延州（今陕西延安），想去投奔肃宗。然而杜甫在途中却被叛军俘获，押解到了长安。当时长安的一般官员都被押解到洛阳被逼迫投降，在安禄山的伪政府中任职。杜甫当时地位不高，名声也不大，就没有被胡人所重视，也就没有被押解到洛阳去。杜甫不仅没有被逼迫投降，由于自己隐瞒得好，也没有遭受到俘虏那种严格的对待。叛军准许他在城里游览、访问，行动比较自由，这就让他有机会目睹叛军杀戮洗劫的暴行和百姓的苦难。

直到757年夏，杜甫在提前侦察好地形、情势之后，偷偷地从长安外郭城西面的金光门逃走了。一路上他提心吊胆，昼伏夜行，终于穿过官军与叛军对峙的防线，来到肃宗所在地凤翔（陕西省凤翔县）。杜甫见到肃宗的时候，脚上穿着一双麻鞋，衣袖已经破了，两个肘臂露在外面。这次杜甫"麻鞋见天子，衣袖露两肘"

的忠诚感动了皇上，因此被授予左拾遗之职。然而，杜甫在权力中心仅仅待了不到两年，便因屡次直言上书触怒皇上，被贬为华州司功参军。在此以后，杜甫又屡次遭到贬斥，从而使他更能深入群众，了解百姓的困苦，残酷的社会现状为他的创作提供了素材。

759年，杜甫抛官弃职，举家西行，几经辗转，最后到了成都。从此杜甫就开始了下半生辗转漂泊的生活。770年冬，杜甫病死在湘江上的一条小船里。

"安史之乱"带给了大唐王朝深重的灾难，社会动荡，藩镇割据，百姓生活更加痛苦。这些都直接影响了杜甫。他将个人的命运与国家、人民的命运联系在一起，继承屈原"发愤以抒情"的创作精神，写出诸如抨击腐败的裙带政治的《丽人行》，描述百姓受兵役之苦的《兵车行》《三吏》《三别》，以及反映民生疾苦的《哀江头》《悲陈陶》《北征》《羌村》《后出塞》等。杜甫的这些诗几乎反映了"安史之乱"的社会全貌，体现了一个忧国忧民的爱国诗人高度的社会责任心。这一系列具有高度的人民性和爱国精神的诗篇，达到了现实主义的创作高峰。

微阅读

杜甫（712—770），唐朝人，伟大的现实主义诗人，有"诗圣""诗史"之称。字子美，自号少陵野老，世称杜少陵、杜工部，祖籍襄阳（今属湖北），自其曾祖时迁居河南巩县（今巩义）。有《杜工部集》传世。代表作有"三吏"（《新安吏》《石壕吏》《潼关吏》）、"三别"（《新婚别》《垂老别》《无家别》）、《兵车行》《茅屋为秋风所破歌》等。

杨玉环　替罪羔羊

不信曲江信禄山，渔阳鼙鼓震秦关。祸端自是君王起，倾国何须怨玉环。（清·赵长令）

中国古代四大美人之一的杨玉环是一个悲剧人物。

杨玉环拥有倾城倾国的美貌，又精通音律，擅歌舞，并弹得一手好琵琶，这让高高在上的玄宗皇帝都为之倾倒。745年，唐玄宗想尽了一切办法，将身为自己儿媳的杨玉环召入宫中，封为了贵妃。

做了贵妃的杨玉环深受唐玄宗的宠爱，她的父兄也因此而得以势倾天下。唐玄宗在得到美人后就沉迷于享乐，荒废了朝政，曾经辉煌一时的大唐王朝也一步一步走向了衰落。

天宝十四年（755），杨贵妃的干儿子、节度使安禄山起兵造反，第二年便占领了长安，沉迷于酒色歌舞之中的唐玄宗只得带着杨贵妃仓皇逃离。

等唐玄宗一行逃到咸阳时，之前派出的宦官和当地官员都已经逃了。一行人走了半天，也没有人给他们送饭。随行太监好不容易找到当地百姓，向他们讨来一点高粱饽饽。皇子皇孙们平时养尊处优，哪里吃过这样的饭，但是实在饿得慌，也顾不得什么体面，没有碗筷，就用手抓，一下子就抢得精光。

唐玄宗勉强咽了几口饽饽，直流眼泪。有个老人挤到车前，对唐玄宗说："安禄山想造反，已经不是一天两天了。这么多年来，

有人向朝廷告发，反而被关被杀。陛下周围的大臣，只会奉承拍马，外面的情况，陛下一概听不到。我们普通百姓早知道有这么一天，不过朝廷宫门太深，百姓的意见陛下听不到。要不是到了今天这步田地，我们怎么可能站在陛下面前说话呢？"

唐玄宗垂头丧气地说："这是我太糊涂，现在后悔也来不及了。"

这样走走停停，第三天到了马嵬驿（今陕西兴平县西）。随行的将士又饿又疲劳，心中的怨气实在忍不住了。将士们认为，现大家到处流亡，受尽辛苦，都是杨贵妃的哥哥杨国忠一手造成的。大家越想越气，都不肯再前行了。

正在此时，有二十几个吐蕃使者拦住杨国忠的马，向杨国忠要粮。杨国忠还没来得及答话，周围的兵士就嚷起来："杨国忠要造反了！"一面嚷，一面就射起箭来。杨国忠慌里慌张想逃走，几个士兵赶上去将他乱刀砍死。

士兵们杀了杨国忠，情绪激昂，便把唐玄宗住的驿馆包围了起来。唐玄宗听到外面闹哄哄的，问是怎么回事，左右太监告诉他，兵士们已把杨国忠杀了。唐玄宗大吃一惊，不得不扶着拐杖，走出驿馆，安抚将士们，要大家回营休息。

士兵们不理唐玄宗，照样吵吵嚷嚷。唐玄宗派高力士找到大将军陈玄礼，问士兵们为什么不肯散。陈玄礼回答说："杨国忠谋反，贵妃也不能留下来了。"

这下可把唐玄宗难住了，他怎么舍得杀自己宠爱的妃子呢？他低着头站了半晌，才说："贵妃住在内宫，怎么知道杨国忠谋反呢？"

高力士知道不杀杨贵妃不能平息众怒，就说："贵妃是没有罪，但是将士们杀了杨国忠，如果留着贵妃，将士们哪会心安？将士心安，陛下才安全哪。"

唐玄宗无奈，只得下令处死杨玉环。就这样，年仅三十七岁的杨玉环成了一场叛乱的牺牲品。

微阅读

杨贵妃（719—756），唐朝人。小字玉环，蒲州永乐（今山西芮城西南）人。杨贵妃与西施、王昭君、貂蝉并称为中国古代四大美人。

李煜 "千古词帝"

　　春花秋月何时了？往事知多少！小楼昨夜又东风，故国不堪回首月明中。　　雕阑玉砌应犹在，只是朱颜改。问君能有几多愁？恰似一江春水向东流。（五代·李煜）

　　李煜是南唐元宗（南唐中主）李璟的第六个儿子，他有五个哥哥，按道理南唐王朝的皇帝宝座是轮不到他来坐的。也许是因为从小就没有对皇位的渴望，李煜并不像大多数皇子那样喜欢争权夺利的政治生活。他曾给自己取号"钟隐""钟峰隐者""莲峰居士"，表明自己的志趣在于秀丽的山水之间。

　　但是命运有时就是那样让人措手不及。959年，李煜的大哥也就是太子李弘冀暴病而亡，当时李煜的其他四个哥哥也早已离开了人世，李煜就顺其自然地被立为了太子。

　　961年，李璟驾崩。在大臣和百姓们的期待中，李煜登基。李煜的身上充满了浪漫的文人情怀，他才华横溢，却缺少作为一国之君应有的抱负和远见。他即位时南唐的国力已开始衰退，北宋王朝时刻威胁着这个江南小国。可是这位性格懦弱的君主，非但不励精图治发展国力，反而安于享乐，荒废朝政。

　　975年，宋太祖派兵南下进攻金陵，不久城破，南唐后主李煜肉袒出降。就这样，李煜成了亡国之君，从高高在上的皇帝成了北宋的阶下囚。

　　李煜投降后，被俘到了汴京，宋太祖封他做了违命侯。到这个时候李煜才真正开始认识到自己作为一国之君的失败。生活的巨变也影响到了他的文学创作，就是从这个时期开始，李煜的词风由描写浓艳浪漫的风花雪月转向了抒发深沉悲愤的亡国之情。

李煜在汴京的生活是苦闷的，他不能把自己的情感明目张胆地表达出来，只能在自己的词作里寄托对故国的思念。但是这也最终给他带来了杀身之祸。

978年，徐铉奉宋太宗之命去探视李煜，李煜在和徐铉的交谈中感叹道："当初我错杀潘佑、李平，悔之不已！"宋太宗听闻后大怒。因为李煜虽然无能，但毕竟也曾经是一个国家的君主，他所表现出的对故国的怀念，是能引起一大批南唐旧臣和百姓的共鸣的。这一年的七夕是李煜四十一岁的生日，后妃们为他举行了宴会，虽然还是美酒佳肴，轻歌曼舞，但是再也找不到曾经在南唐后

宫里的那份自在欢乐。

　　在一番畅饮之后，李煜提笔写下了那首千古名篇《虞美人》：
"春花秋月何时了？往事知多少！小楼昨夜又东风，故国不堪回首
月明中。……"在这首词里，他毫不掩饰地表达了亡国之痛和对故
国的思念。

　　这首词很快就传到了宋太宗的耳朵里，这一次他再也不能容忍
了。于是宋太宗命人把一杯毒酒送到了李煜的面前。不知道李煜在
饮下那一杯毒酒时是怎样的心情，是解脱还是悔恨，还是只能怪自
己生在了帝王家。

微阅读

　　李煜（937—978），五代时南唐国君。字重光，初名从嘉，
号钟隐，世称李后主，彭城（今江苏徐州）人。于宋建隆二年
（961）继位，开宝八年（975），国破降宋，俘至汴京，被封为右
千牛卫上将军、违命侯。后被宋太宗毒死。李煜艺术才华非凡，精
书法，善绘画，通音律，诗和文均有一定造诣，尤以词的成就最
高。代表作有《虞美人》《浪淘沙》《乌夜啼》等词，被称为"千
古词帝"。

王安石 变法革新

墙角数枝梅，凌寒独自开。遥知不是雪，为有暗香来。（北宋·王安石）

王安石出身于官宦世家，他的父亲担任过二十多年的地方官，为人正直，执法严明，为百姓做了不少好事。王安石从小在父亲的影响下，养成了正直善良的品性。他跟随父亲到过全国很多地方，目睹了人民生活的艰辛，对宋王朝积贫积弱的局面有深刻体会，青年时期他便立下了"矫世变俗"之志。

1042年，王安石考中进士，其后到扬州、鄞县（今浙江宁波）、舒州（今属山东）、常州等地任地方官。多年的地方官经历，不仅使王安石深刻地认识到宋朝社会普遍的贫困，而且也使他认识到社会贫困的根源在于土地兼并。

嘉祐三年（1058），王安石在长达万字的《上仁宗皇帝言事书》中分析了宋朝内忧外患交织、财政日益穷困、风俗日益败坏的形势，指出变更天下弊法及培养大批适应变法革新需要的人才的迫切性。他还提出了因天下之力以生天下之财、取天下之财以供天下之费的理财思想。可惜这封言事书没能引起最高统治集团的任何反应。

1068年，宋神宗继位，起用王安石为江宁（今江苏南京）知府，后又诏为翰林学士兼侍讲。当时北宋王朝在内面临政治、经济危机；在外面临着辽、西夏的不断侵扰。宋神宗问王安石："当今

治国之道，当以何为先？"王安石回答："以择术为始。"他随即上书主张变法。

1069年，王安石任参知政事，主持变法。为指导变法的实施，他物色了一批拥护变法的官员参与制定新法。1070年，王安石出任同中书门下平章事，位同宰相，在全国范围内推行新法，开始了大规模的改革运动。王安石的新法在财政方面实行均输法、青苗法、市易法、免役法、方田均税法、农田水利法；在军事方面有置将法、保甲法、保马法等。同时，改革科举制度，为推行新法培育人才。这些措施在一定程度上限制了大地主和豪商对农民的剥削，促进了农田水利事业的发展，国家财政状况有所改善，军事力量也得到加强。

　　但是王安石的变法触动了大地主大官僚阶级的利益，遭到他们的强烈反对。司马光就曾经多次上书弹劾王安石，建议取消新法。再加上新法在实施过程中过分求快，许多官吏借机敲诈盘剥，使农民的利益受到损害，实际效果与主观设想相差甚远，这也使王安石处于"众疑群谤"之中。宋神宗迫于皇亲贵戚和反对新法大臣的压力，于1074年罢去了王安石的相位，再让他出任江宁知府。虽然次年再次起用王安石为相，但因新党内部分裂及保守派的挑拨离间，王安石实际上难有作为，到1076年再次被罢相，出任江南签判，次年退居江宁，封荆国公，世称荆公。

　　1085年，宋神宗驾崩，哲宗即位。哲宗还不到十岁，由其母宣仁太后听政。宣仁太后起用反对变法的司马光为相，废除全部新法，极力迫害新党。1086年，王安石在忧愤和遗恨中去世。

微阅读

　　王安石（1021—1086），北宋政治家、文学家、思想家，唐宋八大家之一。字介甫，号半山，抚州临川（今属江西）人。官至宰相，主张改革变法。有《王文公文集》《临川先生集》存世。

李清照　一代女词宗

　　男中李后主，女中李易安，极是当行本色。前此李太白，故称词家三李。（清·沈谦）

　　李清照生于书香门第。父亲李格进士出身，是大文豪苏轼的学生，母亲是状元王拱宸的孙女，很有文学修养。就是在这样的家庭熏陶下，李清照在小小年纪便琴棋书画无一不精。李清照最擅长作词，十六岁时便以一阕《如梦令》名震京师。

　　十八岁时，李清照嫁给了吏部侍郎赵挺之之子，二十一岁的太学生赵明诚。这个赵明诚也是个很有才气的人，不仅诗文作得好，还喜好收藏。李清照与丈夫情投意合，他们把整个身心都放在文学艺术的深造和金石文字的收集研究上。一年重阳节，李清照作了那阕著名的《醉花阴》寄给在外做官的丈夫："薄雾浓云愁永昼，瑞脑销金兽。佳节又重阳，玉枕纱厨，半夜凉初透。　　东篱把酒黄昏后，有暗香盈袖。莫道不销魂，帘卷西风，人比黄花瘦。"秋闺的寂寞与闺人的惆怅跃然纸上。赵明诚接到后，叹赏不已，又不甘居下风，就闭门谢客，废寝忘食，三日三夜，写出五十阕词。他把李清照的这首词也杂入其间，请友人陆德夫品评。陆德夫看后，品读了好几遍说："只三句绝佳。"赵问是哪三句，陆答："莫道不销魂，帘卷西风，人比黄花瘦。"从此赵明诚对妻子的文采打心眼里佩服了。

　　1127年，金兵攻破了汴京，徽宗、钦宗父子被俘，高宗南逃。

社会的不安定，也给李清照的生活带来了极大的不幸。李清照夫妇随难民流落江南，多年搜集来的金石字画丧失殆尽，给二人带来沉痛的打击和极大的痛苦。

就在这一年，赵明诚被任命为建康（今南京）知府。上任不久，城中叛军作乱。身为知府的赵明诚不但没有身先士卒指挥将士平乱杀敌，反而趁着夜色自己一个人偷偷逃出了城，把李清照和全城百姓丢给了叛匪。好在，叛乱不久便被平定了，赵明诚即被撤职。在朝廷上下对赵明诚的贬伐声鹊起之时，刚直不阿、有丈夫气概的李清照也感到万分羞愧。但她还是用自己无私的爱包容了赵明诚临阵偷逃的懦弱和无耻，隐忍了赵明诚对生死契阔的爱情的背叛。随后，李清照夫妇沿长江而上开始了流亡生活。当行至乌江时，李清照面对浩浩江面，不觉心潮起伏，吟下了《夏日绝句》这首千古绝唱："生当作人杰，死亦为鬼雄。至今思项羽，不肯过江东。"

1129年，赵明诚出任湖州知事，在赴朝廷述职的途中染病，于8月18日在建康去世。这一年，李清照只有四十五岁，丈夫的去世留给她的是一份情无所托的孤独。年近半百的李清照在杭州定居下来。奔波流徙的生活使她失去了太多，而如今孤单寂寞的生活又能给她什么安慰呢？李清照无儿无女，又过早地失去了丈夫，她只有靠三两杯冷酒、一遍遍的回忆来排遣寂寞的时光。一天黄昏，深感物是人非的李清照看着满地的黄花，不禁思绪万千，吟出这首浓缩了她一生身心痛楚，并且确立了她在中国文学史上的地位的《声声慢》：

寻寻觅觅，冷冷清清，凄凄惨惨戚戚。乍暖还寒时候，最难将息。三杯两盏淡酒，怎敌他、晚来风急！雁过也，正伤心，却是旧时相识。

满地黄花堆积，憔悴损，如今有谁堪摘！守着窗儿，独自怎生得黑！梧桐更兼细雨，到黄昏、点点滴滴。这次第，怎一个愁字了得！

微阅读

李清照（1084—约1151），南宋人，我国古代著名女词人，婉约派代表。号易安居士，济南章丘人。代表作有《声声慢》《一剪梅》《如梦令》等，有《易安居士文集》等传世。

陆游 悲凉的爱情

诗界千载靡靡风，兵魂销尽国魂空。集中什九从军乐，亘古男儿一放翁。（梁启超）

陆游出身于官宦之家，自幼好学不倦，十二岁即能吟诗作文，但他的童年非常不幸。1127年，靖康之祸爆发，北宋灭亡，陆游随其父陆宰及全家老小开始逃亡，自此饱尝离乱之苦。成年后，陆游怀抱安邦为民的志向，力主抗金。但由于当权派一味主和，他最终没能实现自己的政治抱负。

陆游一生坎坷，不但仕途曲折，爱情生活也很不幸。

1144年，十九岁的陆游迎娶了青梅竹马的表妹唐琬为妻。陆游与唐琬，一个是才华出众的青年才俊，一个是美丽贤淑的大家闺秀。两个人琴瑟相和，互敬互爱，本应有十分美好的生活，可两人的结合最终却是一场悲剧。

陆游的母亲望子成龙，她期望陆游早成大器。陆游婚后不久，便参加了当年的进士考试。文采出众的陆游本以为这一次能够顺利入仕，进而实现自己的报国宏愿，但是，因为他在试卷中力主抗金，这与当时朝廷主和投降的思路背道而驰，因而空手而归。而陆母却把这一次陆游没有考上归咎于唐琬。她责怪唐琬和陆游过于缠绵，影响了陆游的学业，再加上唐琬婚后一直不孕，于是陆母提出让陆游休妻。

陆游虽然不情愿，但他是个大孝子，在母亲的逼迫下他最终和

　　深爱的妻子分开了。他们分手以后，陆游又被迫娶王氏为妻，而唐琬也改嫁了皇族赵士程。

　　两人分手十年后，这年春天，陆游独自到沈园赏春，而唐琬和丈夫赵士程也来此游春。

　　春天的美景无法让陆游排解心中的愁闷，他在一个角落里坐下来，自斟自饮，借酒浇愁。突然，他意外地看见了唐琬及她的丈夫赵士程。唐琬也看见了他。四目相接，一时感慨万千，曾经的一幕幕似乎就发生在昨天，这十年间谁都没有停止过思念，只是时过境迁，两人已经不能再互诉离情了。唐琬和丈夫在亭中小憩时，派人给陆游送去了一杯酒，然后就和丈夫离开了。

　　陆游看着唐琬离去，悲从中来，在粉墙之上奋笔题下了那著名

的充满哀怨之情的《钗头凤》词：

红酥手，黄藤酒，满城春色宫墙柳。东风恶，欢情薄，一怀愁绪，几年离索。错，错，错！

春如旧，人空瘦，泪痕红浥鲛绡透。桃花落，闲池阁，山盟虽在，锦书难托。莫，莫，莫！

第二年，唐琬再游沈园，看见了陆游在墙上的题词，不由得悲伤万千，愁怨难解，就在陆游的词下和了一首《钗头凤》：

世情薄，人情恶，雨送黄昏花易落。晓风干，泪痕残，欲笺心事，独语斜阑。难，难，难！

人成各，今非昨，病魂尝似秋千索。角声寒，夜阑珊，怕人寻问，咽泪装欢。瞒，瞒，瞒！

此后不久，唐琬便郁闷愁怨而死。

1208年，八十三岁的陆游最后一次来到沈园。眼前春光依然，但旧人早已离去。已是暮年的老人写下了对所爱的人最深的思念《春游》：

沈家园里花如锦，半是当年识放翁。也信美人终作土，不堪幽梦太匆匆。

微阅读

陆游（1125—1210），南宋诗人。字务观，号放翁，越州山阴（今浙江绍兴）人。有《剑南诗稿》《渭南文集》等数十个文集存世，自言"六十年间万首诗"，今尚存九千三百余首，是我国现有存诗最多的诗人。

高洁的灵魂

人非生而高贵。
只有经过后天的淬炼，
才能锻造出闪闪发光的灵魂。

屈原　　上下求索的爱国诗人

路漫漫其修远兮，吾将上下而求索。（战国·屈原）

屈原出身于楚国贵族，自幼勤奋好学，胸怀大志。成年后，屈原因学识渊博受到楚怀王的青睐，担任左徒、三闾大夫等职。那时西方的秦国最强大，时常攻击六国，因此，屈原亲自到各国去联络，想把六国联合起来。后来，齐楚结成联盟，有力地制止了强秦的扩张。屈原因此得到怀王的重用，楚国的很多内政、外交大事都凭屈原做主。

可是，屈原也因此遭到了以公子子兰为首的一班楚国贵族的嫉妒，他们常在怀王面前说屈原的坏话。说他独断专权，根本不把怀王放在眼里。挑拨的人多了，怀王对屈原也就渐渐不满起来。

秦国了解这一情况后，立即派相国张仪前往楚国设法拆散齐楚联盟。张仪将相印交还秦王，伪装辞去秦国相位，带着很多金银财宝就向楚国出发了。

张仪到了郢都，先来拜访屈原，说起了秦国的强大和秦楚联合对双方的好处，屈原拒绝了他的提议。

张仪转而去找公子子兰，他告诉子兰："有了齐楚联盟，怀王才信任屈原，拆散了联盟，屈原就没有什么可怕的了。"子兰听了，十分高兴，就把张仪引荐给了怀王最宠爱的王后郑袖。张仪把一双价值万金的白璧献给郑袖，那白璧的宝光把楚国王后的眼睛都照花了。郑袖欣然表示，愿意帮助他们促成秦楚联盟。

张仪在子兰的安排下见到了楚怀王。张仪对楚怀王说："只要大王愿意，秦王已经准备了六百里土地献给楚国。"楚怀王是个贪心的人，听说不费一兵一卒白得六百里土地，真是喜出望外。他回到宫中，把秦愿意割地的事告诉了郑

袖。郑袖向他道喜，可又皱起眉头："听说屈原向张仪索要一双白璧没有得逞，怕他要反对这事呢！"楚怀王听了，半信半疑。

第二天，楚怀王摆下酒席，招待张仪。席间讨论起秦楚友好，屈原猛烈反对，与子兰等人进行了激烈争论。屈原走到楚怀王面前大声说："大王，不能相信呀！张仪是秦国派来拆散联盟、孤立楚国的，万万相信不得。"楚怀王想起郑袖所说，屈原果然竭力反对秦楚和好，就对郑袖的话信以为真，他不禁对屈原怒道："难道六百里土地抵不上一双白璧吗！"并叫武士把屈原赶出了宫门。

屈原痛心极了，站在宫门外不忍离开，他盼着楚怀王能醒悟过来。屈原从中午一直站到晚上，看见张仪、子兰等人欢欢喜喜走出宫门，他彻底绝望了。他叹着气，喃喃自语："楚国啊，你又要受难了！"屈原回到家中，闷闷不乐，想到亲手结成的联盟一经破坏，楚国就难保眼前的平安兴盛，不禁顿足长叹。

秦国见联盟瓦解，就拒绝履行割地的承诺。楚怀王大怒，先后两次兴师伐秦，结果都被秦打败，不仅丧失了八万军队，还被占去汉中大片土地。这时怀王稍有醒悟，重新起用屈原，让他出使齐国，重修楚齐之盟。

秦国怕齐楚再次结盟，于是提出退还汉中之地的一半以求和。

楚怀王恨透了张仪，提出不要汉中地，只要张仪头。张仪就主动到楚国请罪。张仪再次贿赂了郑袖之流。他们在楚怀王面前一番花言巧语之后，糊涂的楚怀王不顾屈原的反对，居然又把张仪给放了，还和秦王联姻。前305年，楚国又一次背弃齐国联合秦国，去秦迎亲。秦楚结盟，屈原竭力反对，结果不但无效，反而遭到了流放。

不久，楚怀王被骗到秦国囚禁起来，三年后死在了秦国。楚顷襄王即位后，屈原继续受到迫害，并被放逐到了江南。前278年，秦国大将白起带兵南下，攻破了楚国国都，屈原保卫楚国的希望彻底破灭了。不久，屈原来到汨罗江边投江自杀。

微阅读

屈原（约前340—约前278），战国末期楚国人。名平，字原，通常称为屈原，楚国丹阳（今湖北秭归）人。屈原虽忠事楚怀王，但却屡遭排挤，怀王死后又因顷襄王听信谗言而被流放，最终投汨罗江而死。屈原是中国最伟大的浪漫主义诗人之一，也是中国已知最早的诗人。他创立了"楚辞"这种文体。代表作品有《离骚》《九歌》等。

陶渊明 **不为五斗米折腰**

结庐在人境，而无车马喧。问君何能尔，心远地自偏。采菊东篱下，悠然见南山。山气日夕佳，飞鸟相与还。此中有真意，欲辨已忘言。（东晋·陶渊明）

陶渊明出身于破落官宦家庭，九岁时，父亲因病过世了，母亲带着他和妹妹去投靠外祖父孟嘉。孟嘉是当代名士，对陶渊明的影响极大，以至陶渊明的个性、修养都很有外祖父的遗风。外祖父家里藏书多，也给陶渊明提供了阅读古籍和了解历史的条件。在这样的家庭环境影响下，陶渊明接受了儒家和道家两种不同的思想，培养了"猛志逸四海"和"性本爱丘山"两种不同的志趣。

年轻时的陶渊明怀着"大济于苍生"的志向，走上了仕途。可是，在国家濒临崩溃的动乱年月里，陶渊明的一腔抱负根本无法实现。加上他性格耿直，清明廉正，不愿卑躬屈膝攀附权贵，和污浊黑暗的现实社会格格不入。

陶渊明最后一次做官是在405年，出任彭泽县令。

彭泽是个小县，物产丰富，人民的生活也较为安定。陶渊明到彭泽任职，开始心里是很满意的，因为那里离家不远，县令的收入也足以维持家里生活。同时，凭他的才能，治理一个小小彭泽县，他也是信心十足的。

当时朝廷实行的税收制度是"口税制"，就是每个成年男丁都要收租米五石。不少家庭为了少上租，想方设法隐匿人口，这就导致政府税收减少。陶渊明上任后所要做的第一件事就是清查户口。

陶渊明先从当地最蛮横的大地主何泰入手。何泰家有良田数百顷，成年奴仆几百人。但因为何泰的弟弟何隆是浔阳郡的郡丞，是太守的副职，所以历任县令都对何家格外优待，只登记在籍男丁二十名，与实际情况悬殊。

这一天，陶渊明突然带领衙役走进何府，当场责成何泰的管家拿出花名册，逐一核对，共查出何泰家隐瞒成年男丁两百余名。他的这一举动震动了全县，几乎没有人再敢隐匿人口了。查清人口以后，陶渊明发出告示宣布从次年开始，每个成年男丁所缴纳的税米由原来的五石减少为三石。百姓齐声欢呼，纷纷赞扬新县令的英明和爱民如子的美德。

因为这次清查户口，陶渊明赢得了老百姓的爱戴，但也得罪了浔阳郡丞何隆。何隆为出胸中恶气，便设计利用督邮刘云去惩戒一下陶渊明。督邮是郡中的属官，负责具体监察和考核郡中所属各县官员的政绩，对各县官员的升降任免有着直接的影响。这刘云本来就是个凶狠贪婪的人，每年冬夏二季，他都要巡视各县，称作行部，而每次行部，他都是满载而归。刘云受何隆之命，依计来到彭泽。他事先没有发出公文通知，而是突然闯进县衙，想要给陶渊明一个措手不及。恰在这时，陶渊明正和几个幕僚喝酒闲聊，听说刘云驾到，立即出来迎接，不料刘云却怒气冲冲，借题发挥，呵斥道："本官行部来到贵县，你们这些人却衣冠不整，形态懒散。目前国家正是多事之秋，你们不思国恩，为民造福，反而白天聚会喝酒，不理政事，朝廷要你们这些贪官污吏有什么用？"说完扬长而去，给了陶渊明一个下马威。刘云走后，陶渊明有点摸不着头脑，就问身边的人："督邮今天发怒，不知道究竟是为了什么事？"一个幕僚回答说："督邮一向都很贪婪，照卑职看来，他不过是借题发挥，索要贿赂罢了。"陶渊明听后愤然道："我岂能为五斗米向乡里小人折腰！索要贿赂，他是找错人了。"

这天晚上，陶渊明回想白天所发生的一切和自己进入官场的这十几年，太多的尔虞我诈，要想清清白白做一个好官实在是太难了，又进而联想到多年以来自己归隐田园的愿望始终未能真正实现，于是他下定退出官场、归隐田园的决心。他收拾好行李，将大印放在公堂的案桌上，带着家人走出了县衙。

陶渊明辞官归隐后，过着"躬耕自资"的生活。虽然他一直没能实现自己"大济于苍生"的志向，但却成为数千年来最杰出的诗人之一。

微阅读

陶渊明（365或372或376—427），东晋诗人。名潜，字元亮，号五柳先生，谥号靖节先生，浔阳柴桑（今江西九江市西南）人。曾做过几年小官，后辞官回家，从此隐居。长于诗文辞赋，多描写田园生活。代表作有《饮酒》《归园田居》《桃花源记》《归去来辞》等。

文天祥 一身傲骨

人生自古谁无死，留取丹心照汗青。（南宋·文天祥）

文天祥的父亲文仪是个读书人，学问十分渊博，对经史百家无不精通。从小在父亲的教育和熏陶下，文天祥的文采也十分出众。1256年，文天祥到京师临安（今浙江杭州）参加科举考试。他轻松地通过初选，进入了殿试。宋理宗到集英殿亲定名次，把文天祥取为一甲第一名，也就是状元，当年文天祥刚过二十岁。从此文天祥开始了他保家卫国，抵抗元兵的戎马生涯。

1278年，元军大举进攻文天祥所在的潮阳县，文天祥在率部向海丰撤退的途中遭到元将张弘范的攻击，兵败被俘。张弘范想让文天祥写信招降在广东的抗元大将张世杰，文天祥凛然拒绝，写了一首七言律诗，表明自己的心迹。这首诗就是流芳千古的《过零丁洋》，其中"人生自古谁无死，留取丹心照汗青"的壮烈誓词成为千百年来仁人志士最好的注脚。

1279年，张弘范率水陆两军攻入广东，彻底消灭了南宋流亡政府，南宋灭亡了。元朝政府为了使文天祥投降，决定把他押送大都。在大都，文天祥被元朝政府囚禁了三年。这期间，元朝千方百计地对文天祥劝降、逼降、诱降，但文天祥从未动摇过。

元军想利用骨肉亲情软化文天祥，就把文天祥的妻子和两个女儿柳娘、环娘俘到大都。文天祥共有两个儿子和六个女儿，历经连年战乱，在世的只剩下被俘的这两个女儿了。文天祥接到

女儿的信，得知妻子和两个女儿都在元宫为奴，过着囚徒般的生活。文天祥深知女儿的来信是元朝的暗示：只要投降，家人即可团聚。然而，文天祥尽管心如刀割，却仍然坚定地说："谁没有妻儿骨肉之情，但今日事已如此，于义当死，乃是命也。奈何！奈何！"

　　1282年，元世祖任命和礼霍孙为右丞相。和礼霍孙提出以儒家思想治理国家的政策，得到了元世祖的赞同。元世祖问议事大臣："南方、北方的宰相，谁最贤能？"群臣回答："北方没有人比得上耶律楚材，南方没有人比得上文天祥。"于是，元世祖下了一道命令，打算授予文天祥高官显位。文天祥的一些已经投降了元朝的旧友闻此就劝说文天祥投降，但遭到文天祥的拒绝。12月8日，元世祖召见文天祥，亲自劝降。文天祥对元世祖仍然是长揖不跪，元世祖也没有强迫他下跪，只是说："你如能改心易虑，用效忠宋朝的忠心对朕，那朕可以在中书省给你一个位置。"文天祥回答："我是大宋的宰相。国家灭亡了，我只求速死，不当久生。"元世祖又问："那你愿意怎么样？"文天祥回答："但愿一死足矣！"元世祖十分气恼，下令立即处死文天祥。

次日，文天祥被押到刑场。监斩官问："丞相还有什么话要说？现在投降还能免于一死。"文天祥只是问道："哪边是南方？"有人给他指了方向，文天祥就向南方跪拜，说："我的事情完结了，心中无愧了！"于是引颈就刑，从容就义，这一年文天祥刚四十七岁。

微阅读

文天祥（1236—1283），南宋大臣、文学家。初名云孙，字天祥，选中贡士后，换以天祥为名，改字履善。宝祐四年（1256）中状元后再改字宋瑞，后因住过文山，而号文山。吉州去水（今属江西）人。文天祥以忠烈名传后世。主张抗元，于1278年被俘。被俘期间，元世祖以高官厚禄劝降，他宁死不屈，从容赴义。著有《文山先生集》传世。

顾炎武　不与清朝合作

天下兴亡，匹夫有责。（明末清初·顾炎武）

顾炎武家是江南望族，祖父和父亲都是明代的著名学者。在家庭的熏陶下，顾炎武从小就很勤学。两岁开始，父母就教他学习《千字文》，到五岁时，他就能背诵《论语》和《诗经》，十岁就开始读史书、文学名著了。顾炎武十一岁那年，他的祖父要求他读完《资治通鉴》，并告诫说："现在有的人图省事，只浏览一下《纲目》之类的书便以为万事皆了了，我认为这是不足取的。"顾炎武明白，读书做学问是件老老实实的事，必须认真忠实地对待。于是他采取了"自督读书"的办法，他给自己制定了好几条规定：首先，规定每天必须读完的卷数；其次，每天读完后就把所读的书抄写一遍；再次，每读一本书都要做笔记，写下心得体会；最后，在每年春秋两季，他都要温习前半年读过的书籍，边默诵，边请人朗读，发现差异，立刻查对。就这样，当他读完《资治通鉴》后，一部书就变成了两部书。

在七岁那年，顾炎武被过继给新守寡的婶母王氏。王氏是大家闺秀，喜欢读书，又有学问，十分注重对顾炎武的教育。她期望儿子能成为一个学识渊博、品格高尚的有用之材，就常常给他讲历史上和本朝的一些杰出人物的故事，特别是像岳飞、文天祥、方孝孺这样的忠义之士的故事。

1664年，明崇祯皇帝在煤山上吊自杀，明朝灭亡。后来清兵入

关，明朝的凤阳总督马士英等在南京迎立福王朱由崧，建立第一个
南明政权。顾炎武受昆山县令杨永言的推荐，被福王授予兵部司务
的职务。

1645年，清兵攻陷南京，江南的大部分城镇都被清军占领了，
顾炎武的家乡昆山城也被占领。顾炎武的生母何氏被清兵砍去了右
臂，两个弟弟被杀。顾炎武和王氏听说后，悲痛欲绝。王氏不愿做
清朝的顺民，绝食十五天而死，临终时给顾炎武留下遗言："我虽

妇人，身受国恩，与国俱亡，义也。汝无为异国臣子，无负世世国恩，无忘先祖遗训，则吾可以瞑于地下。"国恨家仇，母亲的遗言，使顾炎武终生保持了不与清廷合作的态度。

为了躲避仇人的陷害，顺治十四年（1657），顾炎武只身北上，开始了后半生的漫游生活。在二十五年间，他遍历山东、河北、山西、陕西等广大地区。所到之处，他都要考察山川形势，广交豪杰师友。他考察了山海关、居庸关、古北口、昌黎、蓟州等战略要地，先后写成《营平二州史事》和《昌平山水记》等著作，总结宋代以来不了解营、平、滦三州的地理形势和战略地位，因争地构兵而亡天下的历史教训，为后人提供借鉴。

康熙十八年（1679），康熙皇帝开"博学鸿词科"，命令朝廷大臣和各地官员把有学问的文人推荐给朝廷，一旦通过考试便马上封他做官。不少全国著名的学者、文人应召到京城做起官来了，顾炎武却不为所动，始终不肯入朝做官。1682年，顾炎武不幸失足从马上摔下来，不治身亡，享年六十九岁。

微阅读

顾炎武（1613—1682），明末清初思想家、学者。初名绛，后改名炎武，字宁人，又称亭林先生，江苏昆山人。与黄宗羲、王夫之并称为"明末清初三大儒"。顾炎武一生著作颇丰，有《日知录》《音学五书》《亭林诗文集》等。

谭嗣同　　慷慨就义

我自横刀向天笑，去留肝胆两昆仑。（谭嗣同）

谭嗣同出身于一个官宦家庭，父亲曾任清政府户部郎中、甘肃道台、湖北巡抚等职。母亲出身贫寒，勤俭持家，常常督促谭嗣同刻苦学习。谭嗣同十岁时，拜浏阳著名学者欧阳中鹄为师。在欧阳中鹄的影响下，他对王夫之的思想产生了兴趣，受到了爱国主义的启蒙。

1894年，中日甲午战争爆发。由于清政府的腐败无能而妥协退让，中国战败，签订了丧权辱国的《马关条约》。1895年5月2日，康有为联合在京参加会试的一千三百余名举人上书清政府，要求拒和、迁都、变法（史称"公车上书"）。

深重的民族灾难也同样让谭嗣同的心焦灼不安。在康有为号召变法的影响下，谭嗣同认识到必须对腐朽的封建专制制度实行改革，才能救亡图存。

1898年3月，谭嗣同与唐才常等人创建了维新团体南学会。南学会以联合南方各省维新力量，讲求爱国之理和救亡之法为宗旨。为了加强变法理论的宣传，谭嗣同还创办了《湘报》作为南学会的机关报，由他任主笔。

6月，光绪下"明定国是"诏，宣布变法。不久，有人向光绪帝推荐谭嗣同，光绪召见了他。9月，光绪下诏授予他和林旭、刘光第、杨锐四品卿衔，参与新政。光绪对他们说："汝等所欲变者，俱可随意奏来，我必依从。即我有过失，汝等当面责我，我必速改。"光绪变法的决心和对维新派的信赖使谭嗣同非常感动，觉得实现自己抱负的机会已经到了。

谭嗣同参政时，维新派与守旧派的斗争已是剑拔弩张了。慈禧太后等人早有密谋，要在10月底光绪帝去天津阅兵时发动兵变，废黜光绪帝，一举扑灭新政。谭嗣同知道后，夜访袁世凯，要袁带兵入京，除掉守旧派。袁世凯假惺惺地表示自己先回天津除掉荣禄，然后率兵入京。谭嗣同相信了袁世凯，但让他没有想到的是，袁世凯回到天津即向荣禄告密，荣禄又密报了慈禧太后。

9月21日，慈禧太后发动政变，连发谕旨，捉拿维新派。谭嗣同听到政变消息后并不惊慌，他置自己的安危于不顾，多方活动，筹谋营救光绪帝。但终因势单力薄，所有计划均告落空。在这种情况下，谭嗣同决心以死来殉变法事业，用自己的牺牲去向封建顽固势力做最后一次反抗。谭嗣同把自己的书信、文稿交给梁启超，要他东渡日本避难，并慷慨地说："不有行者，无以图将来；不有死者，无以召后起。"其实，谭嗣同是有机会逃过这一劫的，日本使馆曾派人与他联系，表示可以为他提供"保护"，但是他毅然回绝，并对来人说："各国变法无不从流血而成，今日中国未闻有因变法而流血者，此国之所以不昌也。有之，请自嗣同始。"24日，谭嗣同在浏阳会馆被捕。

谭嗣同在狱中一点也没有表现出对死亡的恐惧。他在监牢的墙上题了一首绝命诗："望门投止思张俭，忍死须臾待杜根。我自横刀向天笑，去留肝胆两昆仑。"9月28日，谭嗣同与被捕的其他五名维新勇士一起，被押赴北京宣武门外的菜市口刑场。谭嗣同就义时神色不变，还大声说："有心杀贼，无力回天；死得其所，快哉快哉！"

微阅读

　　谭嗣同（1865—1898），近代资产阶级政治家、思想家，维新派代表人物，"戊戌六君子"之一。字复生，号壮飞，湖南浏阳人。他主张中国要强盛只有发展民族工商业，学习西方资产阶级的政治制度，公开提出废科举、兴学校、开矿藏、修铁路、办工厂、改官制等变法维新的主张。1898年维新变法失败后遇害，年仅三十三岁。

秋瑾　　鉴湖女侠

粉身碎骨寻常事，但愿牺牲保国家。（秋瑾）

秋瑾出身于一个传统的官宦家庭，从小聪慧过人，念过的诗词过目不忘。她的祖父和父亲都十分疼爱她。父亲常常惋惜地说："若是个男儿，应考（科举）不怕不中。"

秋瑾虽然是个女孩子，但自幼身带豪气，喜好习武。她很仰慕那些英雄豪杰，在很小的时候就写过诗句："今古争传女状头，红颜谁说不封侯？""莫重男儿薄女儿，始信英雄亦有雌。"

1893年，秋瑾的父亲升官，举家迁往湖南。三年后，父亲把秋瑾嫁给了当地人王廷钧。当时清廷腐败，列强瓜分中国，老百姓生活在水深火热中。秋瑾面对满目疮痍的祖国，心中的忧伤和愤慨难以平息。她开始广泛阅读宣传新思想的书籍，并与对祖国命运忧心忡忡的朋友来往密切，一起探讨救国之路。但是她的丈夫王廷钧出身富豪之家，纨绔子弟一个，与秋瑾的志向大相径庭，他不但不理解和支持秋瑾，而且还常常斥责她。

1904年，秋瑾终于冲破家人的百般阻挠到日本留学。在东京，秋瑾和进步人士接触，学习了很多知识，明白了许多革命道理，思想更为成熟，性格更加刚毅。1905年8月14日，秋瑾在东京加入了刚成立不久的中国同盟会。

1905年底，秋瑾回到了苦难的祖国。她加入了革命组织光复会，还创办女刊，宣传妇女解放，宣传革命思想。

1906年12月的一天晚上，一个陌生人前来拜访秋瑾。这个人叫王金发，是受光复军首领徐锡麟之命请秋瑾主持绍兴大通体操学堂，并负责浙江会员的领导工作。他还带来了徐锡麟的亲笔信，徐锡麟在信中提出共同筹划武装反清起义的建议。早就想要武装反抗清政府的秋瑾欣然接受了徐锡麟的提议。

于是秋瑾来到绍兴，以大通体操学堂为依托，奔走于浙江各地，联络会员，准备武装起义的各项工作。7月10日，突然传来徐锡麟刺杀安徽巡抚恩铭失败被杀的消息。

这时有人劝秋瑾暂时躲避，并为她联系了上海租界安身的地方，但她拒绝了。秋瑾写下了一首诗："痛同胞之梦犹昏，悲祖国之陆沉谁挽。""虽死犹生，牺牲尽我责任。"

因有人告密，7月11日，浙江巡抚张曾扬从杭州派了三百余清兵去绍兴抓捕秋瑾。12日，有学生给秋瑾送来消息，让她赶紧躲避。可是秋瑾却非常镇静地说："革命要流血才会成功！"于是她组织大家把大通学堂的枪支弹药隐藏起来，然后命令学生各自分散。

7月13日，化装成白发老人的王金发来到大通学堂。他是特意来告诉秋瑾，清兵已经过了钱塘江，催她赶快离开绍兴。秋瑾却坚持留了下来。

秋瑾被捕以后，面对审讯，她的脸上毫无怯色，她只陈述了自己的主张，对革命活动一个字也没招。最后她说："革命的事不必多问，要杀要剐随便吧！"1907年7月15日，年仅三十二岁的秋瑾在绍兴轩亭口英勇就义。

微阅读

秋瑾（1875—1907），近代民主革命志士。字璇卿，号竞雄，别署鉴湖女侠，浙江山阴（今绍兴）人。她先后参加过同盟会、光复会等革命组织，1907年，与徐锡麟等组织光复军，拟于7月6日在浙江、安徽等地起义，事泄被捕。同年7月15日，秋瑾在绍兴轩亭口从容就义。

梅兰芳

蓄须明志

我是个拙笨的学艺者，没有充分的天才，全凭苦学。（梅兰芳）

京剧大师梅兰芳是德艺双馨的艺术家，他"蓄须明志，不为民族敌人演出"的故事充分展示了他高尚的人格。

1937年8月，淞沪会战爆发。不久，日军占领上海。得知蜚声世界的京剧第一名旦梅兰芳住在上海，日本人就派人请梅兰芳到电台讲话，让其表示愿为日本的"皇道乐士"服务。梅兰芳洞察到日本人的阴谋后，便决定尽快离沪赴港。他一边给日本人带口信说最近要外出演戏，一边携家率团星夜乘船赴港。

梅兰芳来到香港后，深居简出，不愿露面。他除练习太极拳、打羽毛球、学英语、看报纸、看新闻外，把主要精力用来画画。他喜欢画飞鸟、佛像、草虫、游鱼、虾米和外国人的舞蹈。这些作品，家人和剧团人员看后都十分高兴，说给他们带来了许多欢乐。

1941年12月，日军侵占香港，梅兰芳忧心忡忡，担心日本人会来找他演戏。怎么办？他与妻子商量后，决心采取一项大胆举措：留蓄胡子，罢歌罢舞，不为日本人和汉奸卖国贼演出。他对友人说："别瞧我这一撮胡子，将来可有用处。日本人要是蛮不讲理，硬要我出来唱戏，那么，坐牢、杀头，也只好由他了。"

一天，香港的日本驻军司令酒井看到梅兰芳留蓄胡子，惊诧

地说："梅先生，你怎么留起胡子来了？像你这样的大艺术家，怎能退出艺术舞台？"梅兰芳回答说："我是个唱旦角的，如今年岁大了，扮相不好看，嗓子也不行了，已经不能再演戏了，这几年我都是在家赋闲习画，颐养天年啊！"酒井一听，十分不悦，气呼呼地离开了。过了几天，酒井派人找梅兰芳，一定要他登台演出几场，以表现日本统治香港后的繁荣。正巧，梅兰芳患了严重的牙病，半边脸都肿了，酒井获悉后无可奈何，只好暂时作罢。梅兰芳感到香港也成了是非之地，不能久留，于是他立即坐船，回到上海。

梅兰芳在抗战期间断然蓄须明志，不为民族敌人演出，表现了不屈不挠的民族气节。这一事件成为感人的佳话，在炎黄子孙中广为传颂，极大地鼓舞了中国人民奋勇抗战的决心。

微阅读

梅兰芳（1894—1961），京剧大师，对京剧各方面都有所创造发展，形成了自己的艺术风格，世称"梅派"。名澜，字畹华，原籍江苏泰州，生于北京。保留剧目有《贵妃醉酒》《霸王别姬》《思凡》《游园惊梦》等。所著论文编为《梅兰芳文集》，演出剧目编为《梅兰芳演出剧本选集》。

张学良　东北易帜

我张学良没有统一中国的能力，但我有诚心服从能统一中国的人。（张学良）

张学良从1917年开始，就在父亲张作霖的军中服役。1919年就读于东三省陆军讲武堂。一年后毕业，回到父亲的手下任职，并迅速得到提升。

张作霖本来是日本帝国主义扶植起来的奉系军阀首领，他的势力日益发展，成为统治东三省的"东北王"，并一再向关内扩张。1927年6月18日在北京建立安国军政府，自称"中华民国陆海军大元帅"，成为北洋军阀政府末代统治者。

1927年4月，日本田中义一出任首相后，向张作霖强索铁路权，逼张解决所谓"满蒙悬案"，激起了东北人民的反日怒潮。张作霖在全国反帝浪潮的冲击下，未能满足日本的全部要求，并有所抵制。这让日本内阁不能容忍，日本关东军则断定东北人民的反日游行是张作霖煽动导致的，所以对张作霖恨之入骨。

1928年6月4日，日本人在皇姑屯炸死了张作霖。这就是历史上轰动一时的"皇姑屯事件"。

张作霖被害以后，张学良继任东北保安总司令，开始统治东北。这时日本想要把年轻的张学良作为日本统治东北的工具，就极力拉拢张学良。但张学良不愿做外国人的奴仆，特别是父亲的惨死，使他亲眼看见与日本人打交道的危险性，于是他断然拒绝了日本人的虚情假意。

国民政府也派人到东北劝说张学良改旗易帜，服从南京国民政府，实现中国的统一。张学良慎重思考后，毅然决定接受南京政府的建议。他的这一决定彻底打乱了日本人想把东北变为日本的殖民地的计划。当时沈阳的日本总领事林久治郎几次会晤张学良，提出不要和南方妥协的警告，威逼张学良在东北"独立"。日本首相田中义一还通过林久治郎给张学良带去了三点建议，内容是：一、南京国民政府含有共产色彩，而且地位尚未稳定，东北目前犯不着与南京方面发生联系；二、如果国民政府以武力进攻东北，日本愿意出兵相助；三、如果东北财政发生困难，日本正金银行愿给充分接济。

张学良在听完这三点建议后，很冷静地问："我可不可以把日本不愿中国统一的意见，或东北不能易帜是由于日本的干涉这项事实报告国民政府？"问得林久治郎哑口无言。面对这种

赤裸裸地干涉中国内政的手段，张学良表示："东三省政治以民意为决定。如果人民主张改制，我是难以抗拒的。"

日本人见利诱没有成功，就借为张作霖吊丧之机，派人到沈阳，威胁张学良说："如果中国东北不听日本劝告，而与暴动的南方达成妥协之类事情，为了维护我国既得权利，则将不得不采取必要的行动。"并声称日本政府对于东北易帜一事要干涉到底。日军还在沈阳举行大规模演习，向张学良再三示威。

张学良不顾日本帝国主义的武力威胁，毅然于1928年底发表通电，宣告东北遵守三民主义、服从国民政府，改易旗帜，史称"东北易帜"。张学良的这一举动使中国从形式上走向了统一。后张学良被国民政府任命为陆海空军副司令、东北边防司令长官。

微阅读

张学良（1901—2001），字汉卿，号毅庵，辽宁台安人。奉系军阀首领张作霖的长子，人称"少帅"。1936年与杨虎城将军发动震惊中外的西安事变，对推动国共两党再次合作，共同抗日起到了重大作用。周恩来评价张学良是民族英雄、千古功臣。

赵一曼 白山黑水除敌寇

誓志为人不为家，涉江渡海走天涯。男儿岂是全都好，女子缘何分外差？未惜头颅新故国，甘将热血沃中华。白山黑水除敌寇，笑看旌旗红似花。（赵一曼）

1905年，赵一曼出身于四川一个偏远山村的封建地主家庭。家里有八个孩子，赵一曼排行第七，自幼聪明活泼，深得父母宠爱。

十三岁时，她的父亲去世了，大哥大嫂开始当家。封建的大哥不再让她上学，还让母亲对她严加管教。

一天，母亲把赵一曼叫到面前，郑重地对她说："该裹脚了，再不裹，大脚丫子会被人笑话，长大了没人娶你！"赵一曼一听让她裹脚，就赶忙说："我不裹脚！"母亲说："女孩子都要裹脚，这是祖辈留下的规矩。"赵一曼倔强地说："裹了脚走路都走不稳。"母亲生气地说："不裹也得裹！"赵一曼见母亲不让步，就偷偷地从家里跑了出去。

过了几天，赵一曼觉得母亲的气应该消了，就回到了家里。可是母亲并没有放弃让赵一曼裹脚的打算。母亲找来村里的一位老婆婆，两人把赵一曼按倒在床上，强行把她的脚裹了起来。一层层的裹脚布把赵一曼的脚勒得钻心地疼。到了夜里，赵一曼实在受不了了，就用剪刀把裹脚布剪开，剪碎，扔了一地。

第二天，母亲看见满地的碎布，气得狠狠打了赵一曼一顿。可赵一曼铁了心，她不吃饭，不喝水，连头也不梳。不管母亲怎么哄她，她就是不肯裹脚，她坚持说："再让我裹脚，我就不活了！"一向宠爱她的母亲没法子，只得依了她。赵一曼终于用抗争保住了一双天足。

赵一曼的大姐夫郑佑之是一位爱国青年，五四运动爆发后，郑佑之回到农村办学校，宣传革命思想，在家乡进行革命活动。赵一曼非常敬佩她的大姐夫。郑佑之见赵一曼年纪不大，却对封建传统非常痛恨，就抽出时间教她文化科学知识，还经常给她进步书刊看，并给她订了《新青年》《觉悟》《妇女周刊》等革命刊物。报刊上新鲜的思想和言论使赵一曼眼界大开，她渴望到城里读书，去见识更广阔的天地。可是她的这个想法遭到了兄嫂的坚决反对。大哥担心赵一曼读书多，会生出异端，就把她屋中所有的书扔到院里烧光，还扬言要把她嫁出去。大哥的话一出，就有媒婆不断上门提亲来了。一天，赵一曼见媒婆又来她家给她保媒，就割了一把藿麻，扔到媒婆面前，指着媒婆说："如果再来管我的闲事，我就用藿麻收拾你们。"吓得媒婆从此不敢再登门了。

赵一曼把自己的遭遇写成一篇题为《被兄嫂剥夺了求学权利的我》的文章，用"一超"的笔名发表在向警予主编的《妇女周报》上。这篇长达三千

多字的文章发表后，得到许多进步青年的声援和支持。

1926年，赵一曼终于冲破了封建家庭的阻挠，考入了宜宾女子中学（现宜宾市第二中学）读书。进入女中的赵一曼找到了真正属于自己的人生舞台。这一年，赵一曼加入中国共产党。

1931年九一八事变后，赵一曼被派到东北地区领导抗日革命斗争。1935年11月，赵一曼在掩护部队撤退的战斗中，负伤被俘。在狱中，日军对赵一曼动用各种酷刑，但她始终坚贞不屈，没有向日军透露一个字。1936年8月2日，赵一曼在珠河（今黑龙江省尚志市）英勇就义。

微阅读

赵一曼（1905—1936），著名抗日民族英雄，原名李坤泰，又名李一超，四川宜宾人。1926年夏加入共产党。1932年春被派到东北地区工作，更名为赵一曼。1935年任东北抗日联军第三军二团政委，被战士们亲切地称为"我们的女政委"。1936年8月2日，在珠河县被日本人杀害，年仅三十一岁。